Câmbio:
mercado e prática

O selo DIALÓGICA da Editora InterSaberes faz referência às publicações que privilegiam uma linguagem na qual o autor dialoga com o leitor por meio de recursos textuais e visuais, o que torna o conteúdo muito mais dinâmico. São livros que criam um ambiente de interação com o leitor – seu universo cultural, social e de elaboração de conhecimentos –, possibilitando um real processo de interlocução para que a comunicação se efetive.

Câmbio:
mercado e prática

Joni Tadeu Borges

Rua Clara Vendramin, 58 . Mossunguê
CEP 81200-170 . Curitiba . PR . Brasil
Fone: [41] 2106-4170
editora@editoraintersaberes.com.br
www.intersaberes.com

Conselho editorial Dr. Ivo José Both (presidente) | Drª Elena Godoy | Dr. Nelson Luís Dias | Dr. Neri dos Santos | Dr. Ulf Gregor Baranow

Editora-chefe Lindsay Azambuja

Supervisora editorial Ariadne Nunes Wenger

Analista editorial Ariel Martins

Preparação de originais Gustavo Piratello de Castro

Edição de texto Palavra do Editor

Capa Luana Machado Amaro (*design*) | AlMon, Barabas Csaba, Filipe Frazao, Marco Scisetti, nimon, Oleg_Mit e vkilikov/Shutterstock (imagens)

Projeto gráfico Raphael Bernadelli | Sílvio Gabriel Spannenberg

Diagramação Querido Design

Equipe de *design* Sílvio Gabriel Spannenberg | Laís Galvão

Iconografia Célia Regina Tartália e Silva | Regina Claudia Cruz Prestes

Dados Internacionais de Catalogação na Publicação (CIP)
(Câmara Brasileira do Livro, SP, Brasil)

Borges, Joni Tadeu
    Câmbio: mercado e prática/Joni Tadeu Borges. Curitiba: InterSaberes, 2018.

    Bibliografia.

    ISBN 978-85-5972-826-2

    1. Câmbio 2. Comércio exterior 3. Exportação 4. Importações 5. Instituições financeiras I. Título.

18-19829   CDD-382

Índices para catálogo sistemático:

1. Câmbio: Exportação e importação: Rotina bancária: Comércio exterior   382

Iolanda Rodrigues Biode – Bibliotecária – CRB-8/10014

1ª edição, 2018.

Foi feito o depósito legal.

Informamos que é de inteira responsabilidade do autor a emissão de conceitos.

Nenhuma parte desta publicação poderá ser reproduzida por qualquer meio ou forma sem a prévia autorização da Editora InterSaberes.

A violação dos direitos autorais é crime estabelecido na Lei n. 9.610/1998 e punido pelo art. 184 do Código Penal.

Sumário

Apresentação, 9

Como aproveitar ao máximo este livro, 15

1 **Moeda, 19**

   1.1 Função da moeda, 22

   1.2 Moeda conversível e inconversível, 24

   1.3 Divisas e reservas internacionais, 26

2 **Estrutura do mercado de câmbio no Brasil, 33**

   2.1 Composição e segmentos do Sistema Financeiro Nacional (SFN), 35

   2.2 Estrutura do mercado de câmbio no Brasil, 37

   2.3 Sistema de Informações do Banco Central (Sisbacen), 41

   2.4 Posição de câmbio, 42

3 **Legislação cambial, 49**

   3.1 Histórico, 51

   3.2 Regulamento do Mercado de Câmbio e Capitais Internacionais (RMCCI), 53

3.3 Circulares do Banco Central do Brasil (BCB), 56

3.4 Curso forçado da moeda, 63

4 Classificação do mercado de câmbio, 69
4.1 Mercado de câmbio, 73

5 Taxa de câmbio, 91
5.1 Conceito de taxa de câmbio, 94

5.2 Taxa de câmbio livre, 97

5.3 Taxa de câmbio fixa, 100

6 Classificação das taxas de câmbio, 107
6.1 Taxas de câmbio de compra e de venda, 110

6.2 Taxa de câmbio manual ou turismo, 112

6.3 Taxa de câmbio comercial, 114

6.4 Taxa de câmbio cruzada, 114

6.5 Taxa de câmbio Ptax, 116

6.6 Taxa de câmbio interbancária, 117

7 Contrato de câmbio, 125
7.1 Classificação dos contratos de câmbio, 127

7.2 Composição dos contratos de câmbio, 129

7.3 Fases da contratação de câmbio, 131

7.4 Enquadramento dos contratos de câmbio, 134

7.5 Comprovação documental das operações de câmbio, 137

8 Sistemas de pagamentos internacionais, 143
8.1 Pagamento em espécie, 145

8.2 Pagamento em cheque, 145

8.3 Vale postal, 147

8.4 Cartão de crédito, 148

8.5 Sistema Swift, 148

9 Procedimentos cambiais na exportação, na importação e financeiro, 157

9.1 Aspectos cambiais da exportação, 159

9.2 Aspectos cambiais na importação, 162

9.3 Comissão de agentes, 166

9.4 Aspectos cambiais nas transferências financeiras, 170

9.5 Registro de Operações Financeiras (ROF), 173

10 Proteção cambial, 181

10.1 *Hedge* natural, 184

10.2 Câmbio travado na exportação, 187

10.3 Adiantamento sobre o contrato de câmbio (ACC), 190

10.4 Câmbio de importação para liquidação futura, 192

10.5 Derivativos, 195

11 Modalidades de pagamento, 201

11.1 Pagamento antecipado, 204

11.2 Remessa sem saque, 205

11.3 Cobrança documentária, 206

11.4 Carta de crédito, 207

Para concluir..., 215

Referências, 217

Anexo, 223

Respostas, 225

Sobre o autor, 235

Apresentação

O Brasil, como a maioria dos países, tem uma unidade monetária inconversível para o mercado mundial, isto é, uma moeda que não é aceita nas negociações internacionais. Nesse cenário, somente algumas poucas moedas são consideradas conversíveis, entre as quais se destacam o dólar norte-americano (US$) e o euro (€), unidades utilizadas em grande escala nas transações internacionais, sejam elas comerciais, sejam financeiras.

Assim, o Brasil, ao fazer negócios com vários outros países – realizados por pessoas físicas, empresas de qualquer porte ou pelo próprio governo –, precisa transferir recursos do país para o exterior ou do exterior para cá. Dessa forma, em geral, essas transações são efetivadas em moedas conversíveis, e não na moeda brasileira.

Em razão desse comércio, existe a necessidade de trocar o real por outra moeda conversível, ou vice-versa. Essa troca, conhecida no mercado como *câmbio*, é o tema principal desta obra, e conhecê-lo é importantíssimo para os profissionais que atuam em empresas envolvidas direta ou indiretamente em atividades de comércio exterior e que fazem transferências financeiras em moeda estrangeira e em instituições que intermedeiam a compra e a venda de moedas internacionais, bem como para pessoas físicas que viajam ao exterior.

Nesse sentido, diariamente, são contratadas milhares de operações de câmbio nos mercados primário e secundário, relacionadas a pessoas físicas, empresas, corretoras de câmbio e bancos, sendo negociados bilhões de dólares. Por trás de toda essa movimentação de recursos, há profissionais qualificados que dominam essas negociações, sobretudo a compra e a venda de moeda estrangeira.

Nosso objetivo, portanto, é apresentar a prática do mercado cambial brasileiro, sustentados pelas diversas normas existentes, aos acadêmicos dos cursos de Comércio Exterior, Gestão Financeira, Logística e Relações Internacionais, bem como aos demais profissionais e interessados no assunto.

Para isso, dividimos o livro em 11 capítulos, a fim de explicar como o mercado cambial é praticado no Brasil. Em nossa análise, discutiremos os diversos conceitos relacionados ao tema.

No Capítulo 1, introduziremos o conceito de câmbio, destacando que, apesar de todos os avanços tecnológicos ocorridos no mercado financeiro mundial nos último anos, a moeda ainda exerce suas funções tradicionais, principalmente as de meio de troca e de atribuição de valor. Também veremos que cada país tem sua própria moeda e que elas podem ser classificadas em conversíveis e inconversíveis.

Nesse contexto, mostraremos que ainda está longe o tempo em que as nações utilizarão uma mesma unidade monetária. Por fim, explicaremos as divisas de reservas internacionais.

No Capítulo 2, apresentaremos a estrutura do mercado de câmbio no Brasil e analisaremos as principais atribuições do Banco Central do Brasil (BCB) e das instituições financeiras que operam com a compra e a venda de moeda estrangeira. Demonstraremos que, pelo fato de as transações cambiais serem registradas no Sistema de Informações do Banco Central (Sisbacen), o BCB tem conhecimento dos valores negociados, dos participantes e do motivo (enquadramento) das operações cambiais. Outro tema que abordaremos nesse capítulo está relacionado ao volume de moeda estrangeira que os bancos podem manter em seus caixas no dia a dia.

Já no Capítulo 3, voltaremos nossa atenção à legislação que ampara as transações cambiais. É fundamental que os agentes participantes do mercado de câmbio conheçam seus direitos e suas responsabilidades na compra e na venda de moeda estrangeira. Sobre esse assunto, examinaremos quatro circulares publicadas pelo BCB, nas quais estão contidas as regras que conduzem as operações cambiais. Sobretudo, aprofundaremos nossa análise ao tratarmos da Circular n. 3.691, de 16 de dezembro de 2013 (Brasil, 2013g), em razão da importância desse documento para o mercado de câmbio.

No Capítulo 4, exploraremos as diversas classificações das operações existentes no mercado de câmbio, levando em conta aspectos relacionados ao modo como o vendedor entrega a moeda estrangeira ao comprador e ao prazo em que ele realiza essa ação. Mostraremos, também, que é importante distinguir se a negociação é feita somente entre bancos ou se envolve bancos e clientes e esclareceremos o motivo pelo qual uma operação de exportação é classificada de forma diferente da observada em relação a uma operação de empréstimo em moeda estrangeira. Além disso, veremos como a ação do governo determina o tipo de mercado cambial de um país. Por fim, explicaremos por que uma única operação de câmbio pode ter várias classificações.

Ao chegarmos ao Capítulo 5, descreveremos o conceito de taxa de câmbio e a forma como o Brasil precifica a moeda estrangeira. Nesse contexto, demonstraremos que a taxa de câmbio brasileira oscila de acordo com a lei da oferta e da procura, ou seja, quando há mais moeda estrangeira no mercado, a taxa tende a cair; porém, na situação contrária, a taxa de câmbio aumenta. Esse conhecimento é importante principalmente para as empresas que operam com câmbio, pois, assim, elas têm de acompanhar a dinâmica do mercado para tentar definir o melhor momento para fechar um contrato de câmbio. Ainda sobre esse assunto, veremos que o BCB pode intervir no mercado caso a oscilação da taxa de câmbio traga algum impacto negativo para a economia brasileira.

Os diversos tipos de taxas de câmbio praticadas pelos agentes serão nosso tema no Capítulo 6. Veremos que a taxa utilizada em uma negociação está diretamente vinculada ao tipo de transação: compra ou venda de moeda estrangeira, viagens internacionais, exportação e importação etc. Também mostraremos que é possível calcular a paridade de câmbio comparando-se o valor de duas moedas estrangeiras. Ainda sobre esse assunto, analisaremos a taxa Ptax, que é divulgada diariamente pelo BCB, bem como a relevância da taxa interbancária.

Dedicaremos o Capítulo 7 à explicação acerca dos detalhes que compõem o instrumento que oficializa a operação de câmbio. Como, atualmente, há somente dois tipos de contratos de câmbio – o de compra e o de venda –, é imprescindível aos agentes conhecer a composição e as fases de cada um. Além disso, examinaremos a obrigatoriedade de se enquadrar a operação de câmbio corretamente, pois é necessário que os envolvidos nas operações apresentem documentos para comprovar a finalidade da negociação cambial.

No Capítulo 8, veremos que, apesar de os pagamentos em moeda estrangeira poderem ser realizados de diversas maneiras, algumas não são muito praticadas no Brasil e outras trazem riscos aos agentes. Por isso, para ter segurança nas transações internacionais, é preciso seguir processos específicos, alguns dos quais abordaremos nesse capítulo.

Discutiremos os principais aspectos cambiais nas operações de exportação, importação e transferências financeiras no Capítulo 9, assim como a diferença entre as operações com e sem cobertura cambial, de acordo com os prazos de pagamento permitidos na negociação. Outro item que analisaremos nesse capítulo é a funcionalidade da comissão de agente, destacando que todos os procedimentos seguidos devem estar amparados na legislação do BCB.

No Capítulo 10, apresentaremos informações sobre os efeitos que a variação cambial gera para as entidades que dispõem de ativo ou passivo em moeda estrangeira e os instrumentos existentes no mercado que podem ser utilizados como proteção cambial. Destacaremos, principalmente, as modalidades de proteção sob o aspecto das operações voltadas para empresas exportadoras e importadoras.

Por fim, ao alcançarmos o Capítulo 11, concentraremos nossa análise nas modalidades de pagamento usualmente negociadas nas operações comerciais, descrevendo, em cada caso, as principais características, o fluxo dos procedimentos e os riscos envolvidos. Também trataremos dos documentos representativos da exportação que podem ser solicitados pelas instituições financeiras para a comprovação cambial – o que possibilita tanto ao exportador quanto ao importador decidir a melhor maneira de realizar o pagamento da transação.

Ao longo do livro, apresentaremos, ainda, exemplos práticos que retratam situações recorrentes no dia a dia dos profissionais que atuam em atividades relacionadas ao câmbio, de modo a proporcionar um maior entendimento acerca dos conteúdos abordados.

Boa leitura!

Como aproveitar ao máximo este livro

ESTE LIVRO TRAZ ALGUNS RECURSOS QUE VISAM ENRIQUECER seu aprendizado, facilitar a compreensão dos conteúdos e tornar a leitura mais dinâmica. São ferramentas projetadas de acordo com a natureza dos temas que vamos examinar. Veja a seguir como esses recursos se encontram distribuídos no decorrer desta obra.

Conteúdos do capítulo

Logo na abertura do capítulo, você fica conhecendo os conteúdos que nele serão abordados.

Após o estudo deste capítulo, você será capaz de:

Você também é informado a respeito das competências que irá desenvolver e dos conhecimentos que irá adquirir com o estudo do capítulo.

Estudo de caso

Esta seção traz ao seu conhecimento situações que vão aproximar os conteúdos estudados de sua prática profissional.

Perguntas & respostas

Nesta seção, o autor responde a dúvidas frequentes relacionadas aos conteúdos do capítulo.

Síntese

Você dispõe, ao final de cada capítulo, de uma síntese que traz os principais conceitos nele abordados.

Questões para revisão

Com estas atividades, você tem a possibilidade de rever os principais conceitos analisados. Ao final do livro, o autor disponibiliza as respostas às questões, a fim de que você possa verificar como está sua aprendizagem.

Questões para reflexão

Nesta seção, a proposta é levá-lo a refletir criticamente sobre alguns assuntos e trocar ideias e experiências com seus pares.

1

Moeda

Conteúdos do capítulo:

› Moeda como meio de troca e valor.
› Conversibilidade da moeda.
› Reservas internacionais.

Após o estudo deste capítulo, você será capaz de:

1. relacionar o desempenho econômico dos países no cenário mundial;
2. identificar as moedas conversíveis e as inconversíveis no mercado internacional;
3. diferenciar divisas internacionais de reservas internacionais;
4. compreender a importância de um país manter reservas internacionais.

EM PLENO SÉCULO XXI, MOMENTO EM QUE AS TECNOLOGIAS avançam de maneira quase que instantânea e as informações circulam pelo mundo como se não houvesse fronteiras entre os países, ainda não foi possível definir uma moeda única que atenda a uma uniformização de interesse mundial.

Assim, cada país trabalha com sua moeda, e as transferências de recursos entre as nações continuam sendo realizadas nas moedas tradicionalmente aceitas no mercado internacional. Nesse cenário, em 1988, a revista *The Economist* publicou uma matéria sobre a possibilidade de que o mundo adotasse uma moeda única em 30 anos – contados a partir daquela época –, batizando-a com o nome de *Phoenix* (Fênix), termo que tem origem na mitologia grega e representa a ideia de "ressurgir das cinzas". Portanto, isso deveria acontecer exatamente no ano de 2018, após uma devastadora crise mundial. Vejamos alguns trechos da matéria da revista *The Economist* (Get ready..., 1988, tradução nossa)

> O colapso do mercado [em 1987] ensinou [aos governos] que uma falsa cooperação política pode ser ainda pior, e, até que uma verdadeira cooperação seja viável (isto é, até que os governos abram mão de parte de suas soberanias econômicas), outras tentativas de fixar moedas enfrentarão dificuldades.
>
> [...]
>
> Ainda será necessário enfrentar vários grandes problemas com a taxa de câmbio, mais algumas quebras da bolsa de valores e, provavelmente, uma ou duas crises financeiras, até que os políticos estejam dispostos a encarar diretamente essa escolha. Isso aponta para uma sequência confusa de uma emergência que é seguida por um remendo que é seguido por outra emergência, durante muito além de 2018 – exceto por duas coisas. Com o passar do tempo, os danos causados pela instabilidade cambial vão gradualmente se acumular, e os próprios fatores que causam esse acúmulo fazem com que a utopia de uma união monetária seja possível.

São muitos os fatores que a curto e a médio prazos impedirão que o mundo tenha uma moeda única. Os índices de desempenho econômico apresentados na Tabela 1.1, comprovam a distância econômica que existe entre os países.

Tabela 1.1 – *Desempenho econômico dos países, em dólares (US$)*

País	Estados Unidos	China	Brasil	Alemanha	Vietnã	Argentina	Venezuela	Austrália
PIB[a] (US$ bilhões)	19390,60 12/2017[b]	12237,70 12/2017	2055,51 12/2017	3677,44 12/2017	223,86 12/2017	637,59 12/2017	482,40 12/2014	1323,42 12/2017
Juros (% a.a.[c])	2,00 06/2018	4,35 06/2018	6,50 06/2018	0,00 06/2018	6,25 06/2018	40,00 07/2018	20,81 06/2018	1,50 07/2018
Inflação (% a.a.)	2,90 06/2018	1,90 06/2018	4,39 06/2018	2,10 06/2018	4,67 06/2018	26,40 05/2018	46305,00 06/2018	1,90 03/2018
Desemprego (%)	4,00 06/2018	3,89 03/2018	12,70 05/2018	3,40 05/2018	2,01 12/2017	9,10 03/2018	7,30 04/2016	5,40 05/2018
Reservas internacionais (US$ milhões)	122844,00 05/2018	3112129,00 06/2018	379500,00 06/2018	167078,00 06/2018	49497,31 12/2017	44682,00 05/2018	9405,00 05/2018	75790,00 06/2018
População (milhões)	325,72 12/2017	1390,08 12/2017	207,66 12/2017	82,85 12/2017	95,50 12/2017	44,05 12/2017	31,43 12/2017	24,70 12/2017

Fonte: Elaborado com base em Trading Economics, 2018a.

1.1 Função da moeda

Há muito tempo, o homem utiliza a moeda como um facilitador de trocas e para atribuir valor a produtos e serviços. Armando Mellagi Filho e Sérgio Ishikawa (2003, p. 31, grifo do original) apresentam as funções da moeda como

> **meio de troca, unidade de conta e reserva de valor**. Por meio de troca, entende-se que a moeda funciona como um intermediário prático para as transações econômicas, facilitando

---

a   Produto Interno Bruto (PIB).
b   Ano e mês do último levantamento.
c   Ao ano (a.a.).

a aquisição de bens pelos agentes econômicos. Uma vez que os agentes definem um meio de troca, torna-se uma decorrência natural a sua utilização como unidade de conta, de modo que o valor de cada bem desejado pelos agentes econômicos seja medido em termos desse meio, configurando seu respectivo preço monetário. Além disso, a moeda também pode funcionar como reserva de valor, ou seja, pode ser entesourada e disponibilizada para pagamento no futuro.

Dessa forma, a moeda faz parte do dia a dia da movimentação econômica de qualquer país, seja em seu mercado interno, seja em transações comerciais e financeiras internacionais.

Assim como ocorre em muitos países, no Brasil, há uma legislação que estabelece o curso forçado da moeda no território nacional: o Decreto-Lei n. 857, de 11 de setembro de 1969 (Brasil, 1969), que determina:

> Art. 1º São nulos de pleno direito os contratos, títulos e quaisquer documentos, bem como as obrigações que exequíveis no Brasil, estipulem pagamento em ouro, em moeda estrangeira, ou, por alguma forma, restrinjam ou recusem, nos seus efeitos, o curso legal do cruzeiro.

Lembramos que, em 1969, quando o decreto foi editado, a moeda vigente no Brasil era o cruzeiro (Cr$).

1.2 Moeda conversível e inconversível

Os agentes econômicos de diferentes países usam moedas distintas, compram ou vendem produtos e serviços entre si e, em algum momento, ocorre o ato de o comprador efetuar o pagamento ao vendedor. Em geral, a moeda do pagamento é diferente das adotadas internamente pelos países. Dessa maneira, as operações de câmbio (compra e venda de moeda) são quase que obrigatórias na maioria das nações.

No Brasil, para realizar a conversão da moeda nacional, é necessário considerar o câmbio – operação de compra e venda de moeda estrangeira formalizada por meio de contrato de câmbio.

As moedas utilizadas nas operações internacionais não podem ser de qualquer país, porque cada um adota a própria unidade monetária e a maioria dessas unidades não tem aceitação no mercado internacional. Desse modo, somente algumas poucas moedas são aceitas nas negociações internacionais, as quais são conceituadas como *moedas conversíveis*. Mundialmente, as unidades monetárias dos países foram divididas em dois grupos:

1. **Moedas conversíveis** – Trata-se das moedas aceitas nas transações internacionais sem restrições. São usadas por pessoas físicas ou jurídicas para pagamento de transações comerciais ou financeiras. A nação que tem sua moeda considerada conversível é apontada como um país de economia forte, que tem a credibilidade do mercado internacional e apresenta estabilidade política interna e externa. Não há uma lista oficial divulgando as moedas conversíveis, mas, no Quadro 1.1, são listadas as unidades monetárias

que, de praxe, são consideradas conversíveis pelo mercado externo. Entre elas, é claro que o dólar norte-americano (USD) e o euro (EUR) são as mais utilizadas no mercado internacional.

Quadro 1.1 – *Moedas conversíveis*

Moeda	Símbolo	País
Coroa dinamarquesa	DKK	Dinamarca
Coroa norueguesa	NOK	Noruega
Coroa sueca	SEK	Suécia
Dólar australiano	AUD	Austrália
Dólar canadense	CAD	Canadá
Dólar norte-americano	USD	Estados Unidos
Franco suíço	CHF	Suíça
Iene	JPY	Japão
Libra esterlina	GBP	Inglaterra
Euro	EUR	União Europeia

Fonte: Elaborado com base em BCB, 2018l.

2. **Moedas inconversíveis** – São aquelas que não têm a aceitação internacional em razão das características dos países que as adotam, que, em geral, são contrárias às das nações que dispõem de moeda conversível. Embora possam ser aceitas em regiões de fronteira, unidades monetárias como o real (BRL), o peso argentino (ARS) e o guarani (PYG) são consideradas inconversíveis. No entanto, mesmo que o real não seja uma moeda conversível, a legislação brasileira permite que se façam operações de exportações e importações em reais. Por exemplo, é comum a exportação em reais que ocorre em negociações entre o Brasil e o Paraguai em regiões de fronteira. Analisando-se dessa maneira, é muito difícil um exportador chinês querer receber em reais por uma venda feita ao Brasil ou um importador alemão pagar em reais por uma compra realizada no Brasil.

1.3 Divisas e reservas internacionais

As **divisas** são valores que um país recebe em decorrência de exportações, empréstimos realizados no exterior e investimentos estrangeiros. Já as **reservas internacionais** são as disponibilidades que as nações mantêm depositadas em moeda estrangeira (moeda forte) e que são utilizadas no cumprimento de seus compromissos financeiros. Nesse sentido, conforme Robert Carbaugh (2004, p. 554), sob o aspecto da política econômica,

> a vantagem das reservas internacionais é que elas permitem aos países manter *déficits* temporários do balanço de pagamentos até que medidas de ajuste aceitáveis possam operar para corrigir o desequilíbrio. A existência de reservas internacionais facilita a formação de uma política eficaz porque medidas de ajuste corretivo não precisam ser implementadas prematuramente.

Assim, o país que apresentar um saldo considerável em reservas internacionais estará mais confortável para administrar sua economia, visto que terá recursos para utilizá-los em situações em que houver necessidade.

Já o país que dispuser de reservas internacionais escassas encontrará grandes dificuldades para saldar seus compromissos internos e externos. A diferença parece simples, se compararmos os dois conceitos à situação vivida por uma pessoa que recebe seu salário (divisas) e aplica parte dele em uma caderneta de poupança (reserva): quanto mais reservas essa pessoa tiver, maior serão as possibilidades de ela enfrentar situações adversas, caso estas ocorram.

O Brasil, em 1990, tinha US$ 9,7 bilhões em reservas internacionais, geradas em decorrência de fatores externos e da adoção de políticas econômicas que não se sustentavam, o que acarretava, consequentemente, um controle cambial mais extensivo. Já em 11 de junho de 2018, as reservas internacionais brasileiras somavam US$ 382 bilhões. Isso representa a evolução e o controle das políticas econômicas internas e externas do país. No Gráfico 1.1, estão indicadas as reservas internacionais de alguns países americanos em 2018.

Gráfico 1.1 – *Reservas internacionais em US$ bilhões – valores de abril de 2018*

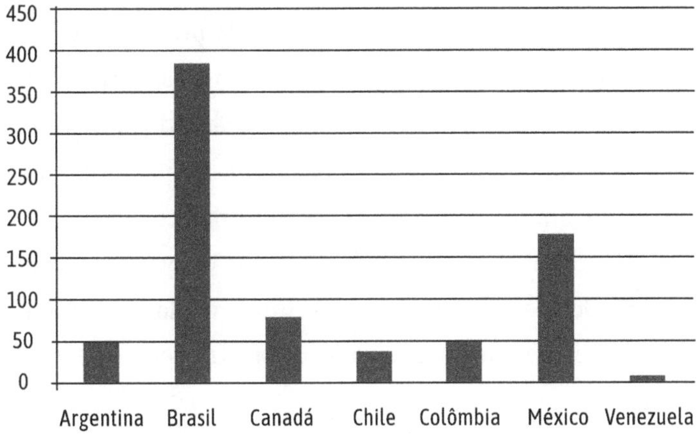

Fonte: Elaborado com base em Trading Economics, 2018c.

Como podemos perceber, as reservas internacionais são fundamentais, principalmente para as nações em desenvolvimento, uma vez que representam uma espécie de "poupança" e são vistas como um sinal de credibilidade do país perante o mercado internacional. Porém, essa análise não pode ser feita isoladamente – como vemos no Gráfico 1.1, Chile e Canadá têm reservas internacionais de aproximadamente US$ 50 bilhões, bem menores que as do Brasil, mas isso não significa que eles não tenham credibilidade, pois são países considerados economicamente estáveis.

Síntese

Neste capítulo, mostramos que a moeda é o principal meio de troca utilizado nas operações dos mercados internos e externos dos países e que ainda está longe a definição deu uma moeda internacional única que tenha características semelhantes às unidades monetárias adotadas atualmente pelas diversas nações do mundo.

Por isso, cada país dispõe de moeda própria, que apresenta valores diferentes em relação às outras. Dessa forma, existem as unidades monetárias consideradas fortes e as consideradas fracas, estando, em geral, atreladas aos indicadores econômico-financeiros de seus países.

Além disso, vimos que o Brasil, assim como ocorre com a maioria dos países, não dispõe de uma moeda nacional que seja conversível, ou seja, aceita sem restrições no mercado internacional.

Por fim, analisamos os conceitos de divisas e reservas internacionais e a importância que suas características representam para os países em termos de condições econômicas para cumprirem com seus compromissos internos e externos.

Perguntas & respostas

Os países negociam internamente com sua unidade monetária, mas, quando as transações ultrapassam fronteiras, há a necessidade de recorrer a outra moeda. Qual é a principal diferença entre a moeda conversível e a inconversível?

A moeda conversível é utilizada mundialmente, sem restrições, em negociações internacionais, enquanto a aceitação da moeda inconversível se restringe ao mercado interno do país.

Questões para revisão

1. As transferências internacionais de valores, oriundas de operações tanto comerciais quanto financeiras, são realizadas por intermédio de moedas aceitas no mercado mundial. Já as moedas não aceitas nesse cenário têm uma circulação interna, restrita a seu país. Sobre as diferenças entre as unidades monetárias das nações, analise as afirmações a seguir e marque V para as verdadeiras e F para falsas.

( ) O euro pode ser aceito em uma negociação de importação entre Brasil e Portugal.

( ) Uma moeda conversível é aceita somente pelos países que a emitem.

( ) Países fronteiriços podem usar as moedas locais nas negociações entre eles, mesmo que a moeda da negociação seja inconversível.

( ) Moedas conversíveis, em geral, pertencem aos países que apresentam economias fortes e estáveis.

( ) O peso chileno é aceito em uma negociação de exportação entre Brasil e Chile.

Agora, assinale a alternativa que apresenta a sequência correta:

a) V, F, V, F, F.
b) F, F, V, V, F.

c) V, F, V, V, F.
d) V, F, F, V, V.
e) V, V, V, F, F.

2. Cite pelo menos duas funções de uma moeda que facilitam o comércio tanto local quanto internacional.

3. Nas transferências internacionais de valores, são usadas moedas conversíveis, isto é, unidades monetárias que têm aceitabilidade no mercado externo. Assinale a alternativa que corresponde a uma operação realizada com uma moeda inconversível:
   a) Uma empresa brasileira exportou 50 mil dólares norte-americanos (USD) em produtos para a Venezuela.
   b) Uma empresa brasileira exportou 100 mil euros (EUR) em produtos para a Itália.
   c) Uma empresa brasileira comprou uma máquina da Inglaterra pelo valor de 70 mil libras esterlinas (GBP).
   d) Uma empresa brasileira pagou 50 mil pesos argentinos (PSA) pela compra de erva-mate de uma instituição argentina.
   e) Uma empresa brasileira recebeu 10 mil dólares canadenses (CAD) pela exportação de cervejas para o México.

4. Assinale a alternativa que apresenta as divisas que um país recebe para integrar suas reservas:
   a) Exportações e importações.
   b) Empréstimos realizados no exterior e pagamento de juros.
   c) Investimentos estrangeiros e pagamento da dívida externa.

d) Importações e pagamento de juros.
e) Exportações e investimentos estrangeiros.

5. As reservas internacionais permitem às nações condições mais vantajosas para que mantenham o equilíbrio nas políticas econômicas internas e externas. Baseando-se nessa afirmação, explique por que as reservas internacionais são fundamentais para um país em desenvolvimento.

Questões para reflexão

1. A China é considerada uma grande potência mundial, porém, sua unidade monetária, o renminbi (CNY), não é tomada pelo mercado internacional como uma moeda conversível. Para você, o que está faltando para que a moeda chinesa seja aceita sem restrições no mercado internacional?

2. Um alto valor de reservas internacionais apresenta várias vantagens para um país, mas ele pode ter também uma desvantagem. Atualmente, o Brasil dispõe de um saldo de reservas internacionais considerado interessante na visão dos economistas. Verifique qual é o custo para o Brasil manter esse alto valor das reservas internacionais.

Estrutura do mercado de câmbio no Brasil

Conteúdos do capítulo:

> Estrutura do mercado de câmbio.
> Uso do Sistema de Informações do Banco Central (Sisbacen) nas operações de câmbio.
> Classificação da posição de câmbio.
> Estratégia do banco para tomar determinada posição de câmbio.

Após o estudo deste capítulo, você será capaz de:

1. identificar os principais participantes do mercado de câmbio no Brasil;
2. compreender a função do Banco Central do Brasil (BCB);
3. discriminar as características dos bancos múltiplos das dos bancos comerciais;
4. distinguir os demandantes dos ofertantes de moeda estrangeira;
5. reconhecer a importância dos registros de câmbio no Sisbacen;
6. estimar o cálculo da posição de câmbio de um banco;
7. perceber a estratégia adotada pelos bancos para escolher determinada posição de câmbio.

Para entender e como é formada a estrutura do mercado de câmbio e para que ele serve, é necessário compreender o Sistema Financeiro Nacional (SFN). Segundo Alexandre Assaf Neto (2003, p. 74),

> O sistema financeiro é composto por um conjunto de instituições financeiras públicas e privadas, e seu órgão normativo máximo é o Conselho Monetário Nacional (CMN). Por meio do SFN, viabiliza-se a relação entre agentes carentes de recursos para investimento e agentes capazes de gerar poupança e, consequentemente, em condições de financiar o crescimento da economia. Por agentes carentes de recursos entende-se aqueles que assumem uma posição de tomadores do mercado, isto é, que despendem em consumo e em investimento valores mais altos que suas rendas. Os agentes superavitários, por seu lado, são aqueles capazes de gastar em consumo e investimento menos do que a renda auferida, formando um excedente de poupança.

Além de ser importante para a condução da política econômica adotada pelo Brasil, o SFN tem a função de fiscalizar as atividades de crédito e a circulação da moeda nacional.

2.1 Composição e segmentos do Sistema Financeiro Nacional (SFN)

Conforme mostra a Figura 2.1, o sistema Financeiro Nacional (SFN) é composto por três ramos.

Figura 2.1 – **Ramos de atuação do SFN**

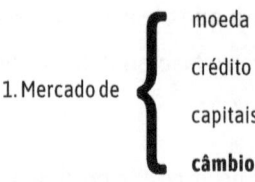

Nesta obra, destacaremos o **mercado de câmbio** e, portanto, apontaremos as instituições relacionadas ao mercado de compra e venda de moeda estrangeira. Vejamos, então, como o Banco Central do Brasil (BCB) define o Conselho Monetário Nacional (CMN):

> O Conselho Monetário Nacional (CMN) é o órgão superior do Sistema Financeiro Nacional e tem a responsabilidade de formular a política da moeda e do crédito, objetivando a estabilidade da moeda e o desenvolvimento econômico e social do País. Criado pela Lei nº 4.595, de 31 de dezembro de 1964 [Brasil, 1965], o CMN foi efetivamente instituído em 31 de março de 1965, uma vez que o art. 65 da Lei nº 4.595 estabeleceu que a Lei entraria em vigor 90 dias após sua publicação. (BCB, 2018f)

O BCB tem a função de executar os atos normativos deliberados pelo CMN e também é responsável por conduzir as políticas monetária, cambial, de crédito e de relações financeiras com o exterior, além de outras inúmeras ações presentes no mercado financeiro.

2.2 Estrutura do mercado de câmbio no Brasil

No Brasil, por determinação do Decreto-Lei n. 857, de 11 de setembro de 1969 (Brasil, 1969), não se permite a circulação de outra moeda que não seja a nacional. Dessa forma, nas transferências de recursos referentes ao comércio exterior brasileiro ou a qualquer outra modalidade em moeda estrangeira, há a necessidade de realizar uma operação de câmbio, isto é, converter a moeda nacional em moeda estrangeira ou vice-versa.

Nesse contexto, o BCB é o principal ator do mercado de câmbio, tendo, para essa área, funções específicas de atuação. Os demais agentes são autorizados a operar no mercado pelo próprio BCB e têm características próprias para agir, as quais podem ser relacionadas aos tipos de atividades que podem realizar e aos limites das operações e das posições de câmbio, entre outros.

Figura 2.2 – Estrutura do mercado de câmbio no Brasil

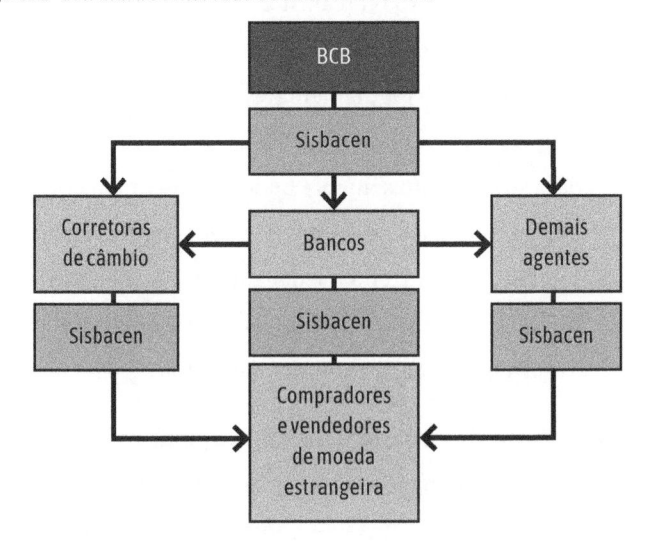

Entre os agentes autorizados pelo BCB a operar no mercado de câmbio estão os bancos comerciais e os bancos múltiplos. Ambos movimentam grande parte da compra e da venda da moeda esrangeira. O BCB define os dois tipos de bancos da seguinte forma:

> Os **bancos comerciais** são instituições financeiras privadas ou públicas que têm como objetivo principal proporcionar suprimento de recursos necessários para financiar, a curto e a médio prazos, o comércio, a indústria, as empresas prestadoras de serviços, as pessoas físicas e terceiros em geral. (BCB, 2018b, grifo nosso)

> Os **bancos múltiplos** são instituições financeiras privadas ou públicas que realizam as operações ativas, passivas e acessórias das diversas instituições financeiras, por intermédio das seguintes carteiras: comercial, de investimento e/ou de desenvolvimento, de crédito imobiliário, de arrendamento mercantil e de crédito, financiamento e investimento. Essas operações estão sujeitas às mesmas normas legais e regulamentares aplicáveis às instituições singulares correspondentes às suas carteiras. A carteira de desenvolvimento somente poderá ser operada por banco público. O banco múltiplo deve ser constituído com, no mínimo, duas carteiras, sendo uma delas, obrigatoriamente, comercial ou de investimento, e ser organizado sob a forma de sociedade anônima. (BCB, 2018c, grifo nosso)

Portanto, tanto os bancos múltiplos quanto os comerciais têm a maior participação no mercado de câmbio. Eles são os responsáveis por negociar – comprar e vender – moedas estrangeiras para exportadores, importadores ou qualquer pessoa física ou jurídica que precise negociar em moeda estrangeira.

O local no qual ocorre a negociação chama-se **mesa de câmbio**, e os profissionais bancários que compram e vendem moeda estrangeira são denominados **operadores de câmbio**. Já as **corretoras de câmbio** atuam principalmente como intermediadores na transação entre as empresas e os bancos. As corretoras acompanham o mercado de câmbio e procuram fazer o melhor acordo para seus clientes. Também podem comprar e vender moeda estrangeira, mas com valores limitados por operação pelo BCB.

Outro agente que atende a um público específico, porém em volume muito menor do que os bancos, é a **casa de câmbio**. Esse estabelecimento opera somente com a compra e a venda de moeda estrangeira em espécie – produtos denominados *travel check* e *travel money card* – destinadas a viagens.

A autorização para atuar no mercado de câmbio é concedida pelo BCB às instituições financeiras que apresentam condições operacionais básicas para realizar as transações e que, principalmente, possam assegurar o cumprimento das normas cambiais, bem como prevenir e coibir a prática de crimes relacionados à lavagem de dinheiro. Nesse sentido, a instituição autorizada deve ter em seu quadro de colaboradores profissionais qualificados para a função e contar, inclusive, com um diretor responsável pela área cambial que tenha sido homologado pelo BCB. Dessa forma, o BCB pode tomar medidas drásticas, algumas delas relacionadas a seguir, contra as entidades financeiras caso elas não estejam adequadas às exigências e às orientações estabelecidas pela Circular n. 3.691, de 16 de dezembro de 2013 (Brasil, 2013g, p. 8):

> Art. 37 [...]
> I – revogá-las ou suspendê-las temporariamente em razão de conveniência e oportunidade;
> II – cassá-las em razão de irregularidades apuradas em processo administrativo, ou suspendê-las cautelarmente, na forma da lei;
> III – cancelá-las em virtude da não realização, pela instituição, de operação de câmbio por período superior a 180 (cento e oitenta) dias.

Ainda são participantes da estrutura do mercado de câmbio os **compradores** e os **vendedores** de moedas estrangeira. Os primeiros podem ser pessoas físicas ou jurídicas que demandam o uso de moeda estrangeira, como é o caso de um importador que precisa pagar um compromisso a uma empresa no exterior – nesse caso, o importador é o **comprador** da moeda estrangeira. Por sua vez, o exportador é um exemplo de **ofertante**, ou seja, ele vende a moeda estrangeira recebida em uma transação internacional, e em contrapartida, recebe o valor equivalente em reais.

Desde 2005, a Secretaria da Receita Federal, mesmo não constando da estrutura do mercado de câmbio conforme apresentada na Figura 2.2, é responsável pelo controle do fluxo financeiro com finalidade tributária em relação aos pagamentos e aos recebimentos em moedas estrangeiras por parte das empresas importadoras e exportadoras.

2.3 Sistema de Informações do Banco Central (Sisbacen)

No ambiente no qual opera o mercado de câmbio no Brasil, o Sistema de Informações do Banco Central (Sisbacen) é de máxima importância. O Sisbacen é um conjunto de recursos de tecnologia da informação interligados em rede e é utilizado pelo BCB na condução de seus processos de trabalho. As instituições financeiras registram as operações de compra e venda de moeda estrangeira no Sisbacen, no qual constam as informações sobre os nomes do comprador e do vendedor da moeda estrangeira, o valor negociado, a taxa de câmbio, o valor equivalente em reais, a natureza da operação, entre outras. Para Bruno Ratti (2000, p. 249), o Sisbacen consiste

> em um sistema *on-line* de teleprocessamento, integrando o Banco Central e os bancos autorizados a operar em câmbio, além de corretores credenciados. Vem a ser, basicamente, um banco de dados contendo diversas informações relativas às operações cambiais realizadas pelos bancos. Tais informações são fornecidas diariamente pelos bancos ao Banco Central, em caráter obrigatório.

Por meio das informações armazenadas no sistema, o BCB tem o conhecimento de todos os valores negociados no Brasil em moeda estrangeira, bem como do caráter das transações, se dizem respeito a exportações, importações, investimentos, aluguéis etc. Dessa forma, é possível acompanhar e pautar a política cambial do país e realizar os ajustes necessários.

Figura 2.3 – **Sisbacen**

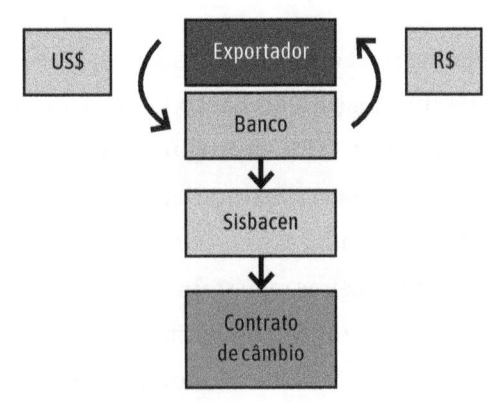

```
    US$  ⟶  Exportador  ⟵  R$
              ↓↑
             Banco
               ↓
            Sisbacen
               ↓
           Contrato
           de câmbio
```

Não obstante, no ambiente Sisbacen são registrados diversos outros tipos de operações, ou seja, ele não é um sistema exclusivo para o registro de operações cambiais.

2.4 Posição de câmbio

A posição de câmbio é o valor em moeda estrangeira mantido no caixa da instituição financeira autorizada pelo BCB. Em outras palavras, é a diferença entre a quantidade comprada e a quantidade vendida da moeda estrangeira. No que tange às operações cambiais, a posição de câmbio é formada pelas transações realizadas no **mercado interbancário** (operações entre os bancos) e no **mercado primário** (operações entre os bancos e seus clientes).

Angelo Luiz Lunardi (2000, p. 101) define a *posição de câmbio* como "a soma algébrica de todas as operações de compra e venda realizadas por uma Instituição, independente do número de suas Carteiras operadoras, ou, em outras palavras, a situação líquida de compras e vendas de moedas estrangeiras efetuadas pelo banco, num determinado momento".

Atualmente, não há limitação imposta pelo BCB quanto à posição de câmbio dos bancos autorizados a operar nessa área – no fim do dia, os bancos podem contabilizar em seus caixas um saldo positivo, negativo ou nulo. Dessa maneira, classificam-se as posições de câmbio em:

› **Posição comprada**: compras > vendas
› **Posição vendida**: vendas > compras
› **Posição nivelada**: compras = vendas

Como podemos observar no Quadro 2.1, os bancos autorizados a operar no mercado de câmbio têm mantido mensalmente uma posição de câmbio vendida. Somente em maio de 2018, os bancos fecharam o mês com a posição vendida de US$ 4.962 bilhões. Entretanto, como os números se referem à contabilização de todos os bancos que atuam com câmbio, pode haver algumas instituições que apresentem a posição comprada no fim de cada mês.

Quadro 2.1 – *Posição de câmbio dos bancos*

ANO 2018	POSIÇÃO VENDIDA – US$ milhões
Janeiro	15.056
Fevereiro	16.585
Março	20.574
Abril	6.337
Maio	4.962
Junho	1.368

Fonte: BCB, 2018g.

Estrategicamente, cada banco define sua política de atuação no mercado cambial no decorrer do dia ou do mês, porque, dependendo da posição de câmbio escolhida, a instituição financeira poderá lucrar ou ter prejuízos.

Dessa forma, os bancos que mantêm uma estratégia conservadora no mercado cambial procuram atingir, ao fim do dia, a posição nivelada, isto é, buscam fazer as compras e vendas de moedas estrangeira de maneira equilibrada.

Os bancos estão com a posição de câmbio vendida desde 2014 (BCB, 2018g). Isso significa que, ao venderem moeda estrangeira em suas contas movimentadas no exterior, essas instituições recebem os valores equivalentes em reais e os aplicam em operações de crédito no mercado interno, dentro do limite permitido pelo BCB, principalmente em decorrência da desvalorização do real. Caso os bancos queiram optar por ficar com a posição comprada, é porque têm como expectativa uma alta da taxa de câmbio; em outras palavras, esperam comprar o dólar a um valor barato – pois, assim, ficarão com a posição comprada – e vendê-lo a uma taxa mais alta – dessa maneira, auferem a rentabilidade esperada.

As decisões dos bancos por tomar determinada posição de câmbio podem influenciar as negociações de compra e venda de moeda estrangeira entre os bancos e seus clientes. Se um importador, por exemplo, necessitar comprar moeda estrangeira (dólar) de um banco que tem como direcionamento ficar com a posição de câmbio comprada ao fim do dia, essa instituição financeira provavelmente venderá a moeda estrangeira a uma taxa de câmbio mais alta. Consequentemente, o importador, ao comprar a moeda estrangeira desse banco, pagará um valor em reais mais elevado pela mesma quantidade de dólares. Para representar esse exemplo, vamos considerar que determinado banco iniciou o dia com um saldo positivo de US$ 10 milhões em seu caixa e realizou as seguintes operações no mercado de câmbio durante o dia:

> **1ª operação** – Vendeu US$ 3 milhões para uma empresa importadora.
> **2ª operação** – Contratou um financiamento para a exportação mediante o adiantamento sobre contrato de câmbio (ACC) com uma empresa exportadora no valor de US$ 4 milhões.
> **3ª operação** – Contratou um câmbio de US$ 5 milhões referente ao pagamento de um financiamento à importação de outra empresa.
> **4ª operação** – Vendeu US$ 8 milhões para outro banco.
> **5ª operação** – Contratou um câmbio US$ 1 milhão referente ao recebimento de um empréstimo externo por parte de outra instituição.

Quadro 2.2 – *Posição de câmbio do banco*

Operação	Compra US$	Venda US$	Saldo US$	Posição de câmbio
Saldo inicial	10 milhões		10 milhões	Comprada
1ª		3 milhões	7 milhões	Comprada
2ª	4 milhões		11 milhões	Comprada
3ª		5 milhões	6 milhões	Comprada
4ª		8 milhões	2 milhões	Vendida
5ª	1 milhão		1 milhão	Vendida

Desse modo, ao fim do dia, o banco de nosso exemplo terá atingido a **posição vendida** no valor de US$ 1 milhão.

Vale lembrar que, no dia a dia, os bancos realizam centenas de operações de câmbio de compra e venda em diferentes valores, seja no mercado primário, seja no secundário.

Síntese

Neste capítulo, destacamos que, no mercado de câmbio brasileiro, atuam instituições financeiras – bancos, corretoras ou casas de câmbio etc. – autorizadas pelo BCB – que é o órgão regulamentador e controlador dos fluxos de entrada e saída de moeda estrangeira ou da moeda nacional.

Os registros das operações de câmbio devem ser realizados no Sisbacen pelos usuários para que, dessa maneira, o BCB tenha conhecimento dos valores negociados entre as partes envolvidas e das finalidades a que se referem essas transações.

Por fim, vimos que as instituições financeiras podem trabalhar com a posição de câmbio comprada, vendida ou nivelada, conforme a estratégia adotada, com o propósito de obter maior ou menor lucro no mercado ou simplesmente para evitar perdas exageradas em decorrência da valorização ou da desvalorização da taxa de câmbio.

Perguntas & respostas

A posição de câmbio de um banco é o saldo em moeda estrangeira mantido em sua tesouraria e pode ser comprada, vendida ou nivelada. Qual é a expectativa do valor da taxa de câmbio para um banco que mantém a posição de câmbio comprada? Por quê?

> Um banco que tem a posição de câmbio comprada tem um saldo credor em moeda estrangeira. Nessa situação, a instituição espera que a taxa de câmbio se desvalorize (aumente) para vender a moeda estrangeira a um preço maior e auferir lucro nessa transação.

Questões para revisão

1. Quais são as principais responsabilidades atribuídas ao Banco Central do Brasil (BCB)?
2. Aponte a instituição que compõe a estrutura do mercado cambial brasileiro e realiza operações no mercado primário e secundário de câmbio sem limitação de valor:
   a) Corretora de câmbio.
   b) Casa de câmbio.
   c) Sistema de Informações do Banco Central (Sisbacen).
   d) Banco comercial.
   e) Correios.
3. Indique a instituição que tem a atribuição de revogar ou suspender temporariamente a autorização de uma instituição financeira para operar no mercado de câmbio em razão de conveniência e de oportunidade:
   a) Banco Central do Brasil.
   b) Bancos comerciais.
   c) Bancos múltiplos.
   d) Secretaria da Receita Federal.
   e) Secretaria de Comércio Exterior.
4. Todo país precisa gerenciar e controlar a entrada e a saída de mercadorias e divisas de seu território. O Brasil dispõe de dois sistemas que executam esses serviços. Quais são eles e que vantagens eles proporcionam para os usuários?
5. Determinado banco começou o dia com a posição comprada de US$ 100 mil. Durante o dia, fechou um câmbio de importação no valor de US$ 500 mil e duas operações de exportação de US$ 300 mil e 200 mil, respectivamente.

Assinale a alternativa que apresenta a posição de câmbio desse banco ao fim do dia:
a) Posição vendida: US$ 100 mil.
b) Posição comprada: US$ 100 mil.
c) Posição comprada: US$ 300mil.
d) Posição vendida: US$ 400 mil.
e) Posição comprada: US$ 500 mil.

Questões para reflexão

1. Que os atributos você considera que um operador de câmbio deve ter, seja ele funcionário de um banco, seja ele colaborador de uma empresa, para fazer uma boa negociação de compra ou venda de moeda estrangeira?
2. O valor da taxa de câmbio em relação ao dólar oscila em virtude da lei da oferta e da procura. Dessa maneira, o real pode valorizar ou desvalorizar. Os bancos que definem estrategicamente ficar em uma posição comprada esperam que o real se valorize ou se desvalorize? Explique.

3
Legislação cambial

Conteúdos do capítulo:

› Objetivos do Banco Central do Brasil (BCB) no mercado de câmbio.
› Histórico recente do mercado de câmbio no Brasil.
› Regulamentação cambial que antecedeu a Circular n. 3.691, de 16 de dezembro de 2013.
› Obrigatoriedade do uso da moeda local no Brasil.
› Visão geral da legislação cambial no Brasil.

Após o estudo deste capítulo, você será capaz de:

1. interpretar as medidas tomadas pelo BCB em relação ao câmbio;
2. compreender a evolução das reservas internacionais brasileiras;
3. avaliar as mudanças cambiais decorrentes da Circular n. 3.280, de 9 de março de 2005;
4. descrever a forma de manter disponibilidades no exterior;
5. identificar os princípios básicos do câmbio;
6. aplicar a correta legislação nas operações de câmbio.

A ENTIDADE RESPONSÁVEL PELA CONDUÇÃO NORMATIVA DO Sistema Financeiro Nacional (SFN) é o Conselho Monetário Nacional (CMN), que tem como função definir as diretrizes das políticas monetária, creditícia e cambial do Brasil. São integrantes do CMN: o ministro da Fazenda, o ministro do Planejamento, Desenvolvimento e Gestão e o presidente do Banco Central do Brasil (BCB).

O BCB, por sua vez, tem inúmeras funções relacionadas à política econômica instituída pelo governo federal, e uma delas é tornar públicas as regras básicas adotadas pelo CMN sobre o funcionamento do mercado financeiro nacional.

Entre as demais funções do BCB está a regulamentação das operações de câmbio, compra e venda de moeda estrangeira e, consequentemente, o controle da entrada e da saída dessas moedas no país. Isso significa que o BCB tem o monopólio sobre a moeda estrangeira, isto é, somente ele pode realizar operações de câmbio. Entretanto, como o BCB não tem uma estrutura física e operacional para conduzir todas as operações do país, ele autoriza outras instituições financeiras (bancos, corretoras, casas de câmbio etc.) a operar nesse mercado.

3.1 Histórico

Uns dos objetivos do BCB quanto à regulamentação cambial é deixá-la com a menor quantidade possível de procedimentos para que seja de simples interpretação e facilite a condução das operações de câmbio entre os agentes autorizados e seus clientes. Até o estabelecimento da legislação vigente no mercado de câmbio, o Brasil passou por inúmeras fases que envolveram, em maior ou em menor grau, a execução da política cambial adotada pelo país em cada período. Além disso, o país vivenciou inúmeras situações econômicas e políticas que permitiram à autoridade econômica nacional implementar várias maneiras de controlar e regulamentar o mercado. Vale ressaltar que a política cambial de determinado país está diretamente relacionada à economia e ao regime político adotados por seus governantes.

Algumas mudanças importantes foram implementadas no mercado de câmbio a partir do ano de 2005, em razão da melhora significativa das reservas cambias brasileiras em decorrência do ajuste da política econômica do país.

O Plano Real[a], colocado em prática em fevereiro de 1994, no primeiro mandato do Presidente Fernando Henrique Cardoso (FHC), foi fundamental para a estabilização da inflação e para a volta do crescimento econômico do Brasil. Para entender melhor as mudanças realizadas na legislação cambial no ano de 2005, é interessante observar o Gráfico 3.1, que apresenta o volume das reservas internacionais brasileiras acumuladas no último dia útil de cada ano no período de 1999 a 2017.

Gráfico 3.1 – *Reservas internacionais brasileiras de 1999 a 2017*

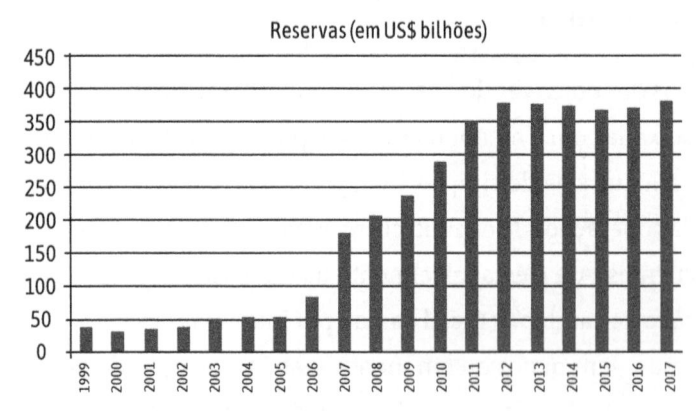

Reservas (em US$ bilhões)

Fonte: Elaborado com base em BCB, 2018k.

---

a O Plano Real – programa que teve origem em 1994, no governo de Itamar Franco, e foi consolidado no governo FHC a partir de 1995 – teve o objetivo de estabilizar a crise econômica brasileira, controlar os altos índices de inflação, reduzir os gastos públicos e atrair investimentos externos.

Apesar de todas as incertezas políticas e econômicas que o Brasil vem enfrentando, o saldo das reservas internacionais do país continua no patamar de US$ 382 milhões.

3.2 Regulamento do Mercado de Câmbio e Capitais Internacionais (RMCCI)

A Consolidação da Normas Cambiais (CNC) (Brasil, 2018a), legislação que ficou vigente até 13 de março de 2005, era muito burocrática e pressupunha controles rígidos, com o propósito de dificultar a saída de divisas do país, uma vez que as reservas internacionais estavam baixas, por volta de US$ 50 bilhões. Como indica o Gráfico 3.1, no fim do segundo mandato de FHC, em 31 de dezembro de 2002, as reservas internacionais somavam US$ 37,8 bilhões. Posteriormente, no fim do ano de 2004, já no governo de Luiz Inácio Lula da Silva, as reservas internacionais somavam US$ 52,9 bilhões. Com uma expectativa de crescimento das economias mundial e brasileira e considerando um aumento de mais 70% no total das reservas internacionais em 2 anos, a equipe econômica do governo brasileiro, por meio do BCB, adotou medidas para desburocratizar as operações relacionadas ao mercado de câmbio. Em 9 de março de 2005, o BCB publicou a Circular n. 3.280 (Brasil, 2005) – a versão inicial do Regulamento do Mercado de Câmbio e Capitais Internacionais (RMCCI), que passou a vigorar a partir do dia 14 de março de 2005, introduzindo várias mudanças na legislação com o objetivo de simplificar o funcionamento do mercado cambial, reduzir o custo envolvido nas transferências de moedas do Brasil para o exterior e do exterior para o Brasil e apresentar maior transparência nas operações cambiais. A última versão, a 62ª, publicada por meio da Circular n. 3.672, de 23 de outubro de 2013 (Brasil, 2013c), ficou em vigência no período de 24 de outubro de 2013 a 2 de fevereiro de 2014.

O RMCCI era composto por três títulos (Brasil, 2005):

1. Mercado de Câmbio;
2. Capitais Brasileiros no Exterior;
3. Capitais Estrangeiros no País.

A revista *Comércio Exterior* n. 58, de março/abril de 2005, editada pelo Banco do Brasil, resumiu as principais modificações estabelecidas pela publicação da Circular n. 3.280/2005 as quais apresentamos a seguir:

PRINCIPAIS MODIFICAÇÕES

No mercado de câmbio
› Com a unificação dos mercados de taxas livres (comercial) e flutuantes (turismo) passou a existir apenas um mercado para as operações de câmbio, transferências internacionais e ouro-instrumento cambial;
› pessoas físicas e jurídicas ficaram autorizadas a comprar e vender moeda estrangeira de qualquer natureza, sem limitação de valor, desde que observada a legalidade da transação;
› As contas de instituições financeiras do exterior passam a ter o mesmo tratamento dado às demais contas de domiciliados no exterior.

Nas exportações

› o pagamento de exportações com travelers checks (ou cheque de viagem) foi proibido. Ao mesmo tempo, foi permitido o uso de cartão de crédito internacional, vale postal internacional ou outro instrumento eme condições definidas pelo Banco Central do Brasil (Bacen) – no caso, o Câmbio Simplificado de Exportação (Simplex) – para essas operações;

› o prazo de recebimento das divisas referentes às exportações foi ampliado para até 210 dias, a contar da data de embarque da mercadoria;

› o prazo máximo entre a data de contratação e de liquidação do contrato de câmbio de exportação passou a ser de 570 dias;

› o valor máximo para cancelamento ou baixa de contrato de câmbio sem adoção de medidas judiciais no exterior ou autorização do Bacen passou para US$ 50 mil (ou equivalente em outras moedas).

Fonte: Banco do Brasil, 2005, p. 28.

No período de vigência do RMCCI, ocorreram múltiplas atualizações na regulamentação cambial, visto que foram editadas 62 versões do documento. Entre as medidas adotadas pelo BCB que ainda permanecem, destacam-se (Brasil, 2013g):

› dispensa da vinculação individualizada do contrato de câmbio à Declaração de Importação (DI) e à Declaração de Despacho de Exportação (DDE);

› controle do fluxo financeiro relacionado às operações de exportação e importação, sob a responsabilidade da Secretaria da Receita Federal (SRF);
› permissão, em 2006, para que as empresas pudessem deixar no exterior até 30% dos recursos provenientes da exportação realizada (atualmente, as empresas podem deixar no exterior até 100% do valor exportado);
› prazo máximo de 750 dias entre a contratação e a liquidação do contrato de câmbio;
› restrição a somente dois tipos de contrato de câmbio: o de compra e o de venda (anteriormente, havia 10 tipos diferentes de contratos).

O RMCCI proporcionou aos participantes do mercado mais conhecimento para conduzir as operações cambiais, evitando, assim, situações que pudessem trazer complicações às partes envolvidas – comprador e vendedor de moeda estrangeira –, inclusive as multas previstas em lei.

3.3 Circulares do Banco Central do Brasil (BCB)

Em 3 de fevereiro de 2014, entrou em vigor a nova legislação cambial que substituiu o RMCCI, composta por um conjunto de circulares do BCB, todas de 16 de dezembro de 2013: Circular n. 3.688 (Brasil, 2013d), Circular n. 3.689 (Brasil, 2013e), Circular n. 3.690 (Brasil, 2013f) e Circular n. 3.691 (Brasil, 2013g). Na prática, o BCB realizou diversas alterações na regulamentação cambial com a finalidade de deixar a legislação mais clara e facilitar o entendimento por parte dos intervenientes do mercado de câmbio. As mudanças são importantes porque acarretam menores custos operacionais nos controles das operações cambiais para as entidades autorizadas a trabalhar nessa área. Além disso, a separação da regulamentação cambial por meio de circulares simplifica as regras e permite aos usuários consultá-las de forma mais fácil.

Algumas alterações técnicas são relevantes, como a criação de novos códigos de classificação das operações de câmbio. Contudo, manteve-se a base da regulamentação anterior. O aspecto jurídico foi um ponto importante para o BCB implementar a regulamentação em circulares, em razão do tratamento legal (jurídico) que é dado a uma circular, diferentemente do que é dado para um regulamento, como era o caso do RMCCI. A seguir, vamos analisar os principais tópicos relacionadas a cada circular.

3.3.1 *Circular n. 3.688/2013*

O art. 1º da Circular n. 3.688/2013 estabelece que:

> Art. 1º Esta Circular dispõe sobre o funcionamento do Convênio de Pagamentos e Créditos Recíprocos (CCR), firmado pelo Banco Central do Brasil com os bancos centrais da Argentina, Bolívia, Chile, Colômbia, Equador, México, Paraguai, Peru, República Dominicana, Uruguai e Venezuela. (Brasil, 2013d, p. 1)

O BCB descreve o Convênio de Pagamentos e Créditos Recíprocos (CCR):

> É um mecanismo multilateral de compensação de pagamentos entre os Bancos Centrais da Argentina, Bolívia,

> Brasil, Chile, Colômbia, Equador, México, Paraguai, Peru, Uruguai, Venezuela e República Dominicana, que surgiu no âmbito da Associação Latino-Americana de Integração com o objetivo de promover e facilitar o comércio intrarregional e reduzir a utilização de divisas pelos Bancos Centrais membros. Mediante o Convênio são cursados e compensados, entre eles, durante períodos de quatro meses, os pagamentos decorrentes das operações de comércio exterior de bens e serviços. (BCB, 2018d)

A utilização do CCR por parte do exportador brasileiro, desde que obedecidas as condições estipuladas na Circular n. 3.688/2013, dá a ele a vantagem da eliminação do risco comercial. Isso significa que, se a operação estiver amparada no CCR, caso haja a inadimplência por parte do comprador (importador), o BCB realizará o pagamento ao exportador por meio de um banco conveniado no Brasil e, posteriormente, fará a compensação (acerto) com o banco central do país do importador.

3.3.2 *Circular n. 3.689/2013*

No âmbito do BCB, a Circular n. 3.689/2013 regulamenta as disposições sobre o capital estrangeiro no país e sobre o capital brasileiro no exterior. Está disposto no art. 1º desse documento:

> Art. 1º As instituições financeiras e demais instituições autorizadas a funcionar pelo Banco Central do Brasil, autorizadas a operar no mercado de câmbio, podem dar curso, por meio de banco autorizado a operar no mercado de câmbio, a transferências para o exterior em moeda

nacional e em moeda estrangeira de interesse de pessoas físicas ou jurídicas residentes, domiciliadas ou com sede no País, devendo, para aplicação nas modalidades tratadas neste título, observar as disposições específicas de cada capítulo.

Parágrafo único. Aplica-se às transferências referidas no *caput*, adicionalmente, o seguinte:

I – as transferências financeiras relativas às aplicações no exterior por instituições financeiras e demais instituições autorizadas a funcionar pelo Banco Central do Brasil devem observar a regulamentação específica;

II – os fundos de investimento podem efetuar transferências do e para o exterior relacionadas às suas aplicações fora do País, obedecida a regulamentação editada pela Comissão de Valores Mobiliários (CVM) e as regras cambiais editadas pelo Banco Central do Brasil;

III – as transferências financeiras relativas a aplicações no exterior por entidades de previdência complementar devem observar a regulamentação específica. (Brasil, 2013e, p. 1)

A Circular n. 3.689/2013 também define como podem ser realizadas as transferências por parte de pessoas físicas ou jurídicas, residentes ou domiciliadas no Brasil, para constituir "disponibilidades no exterior" (Brasil, 2013e). Como consta no texto da regulamentação,

Art. 8º [...] "disponibilidades no exterior" é a manutenção por pessoa física ou jurídica, residente, domiciliada ou com sede no País, de recursos em conta mantida em seu próprio nome em instituição financeira no exterior. (Brasil, 2013e, p. 2)

É o caso de um indivíduo (pessoa física) que deseja enviar US$ 500 mil para o exterior para constituir disponibilidades. Para isso, ele deve ter uma conta em um banco no exterior – em qualquer banco e em qualquer país. Vale ressaltar que, evidentemente, é necessário cumprir os pré-requisitos para a abertura da conta estabelecidos pelo banco no exterior e obedecer à legislação local. Com a conta aberta, o indivíduo solicita a seu banco no Brasil que realize a transferência da quantia desejada para a conta no exterior. Assim, o banco brasileiro cumpre os procedimentos regulamentares e recebe do interessado o valor em reais equivalente a US$ 500 mil (operação de câmbio) e efetua a transferência para a conta estrangeira. Com os recursos mantidos no exterior, o beneficiário da conta pode utilizá-los para diversos propósitos: aplicações, investimentos, compra de imóveis, pagamentos de compromissos etc. Além disso, caso queira, o indivíduo poderá fazer retornar os recursos mantidos no exterior para o Brasil, sob o mesmo enquadramento de *disponibilidades*. Não há limite para fazer esse tipo de operação, desde que seja obedecida a legislação. É importante ter em mente que os valores mantidos no exterior sob essa categoria devem ser declarados aos órgãos competentes no Brasil.

Por fim, a Circular n. 3.689/2013 trata ainda de investimentos brasileiros no exterior, operações de *hedge* negociadas no exterior e capitais estrangeiros no país.

3.3.3 Circular n. 3.690/2013

Os motivos para a realização de transferências de recursos do Brasil para o exterior e do exterior para o Brasil obrigatoriamente precisam ter uma identificação; portanto, é necessário classificar essas operações no mercado de câmbio. Assim, a Circular n. 3.690/2013 estabelece:

> Art. 1º As codificações relativas à natureza das operações constantes das tabelas anexas a esta Circular constituem o Código de Classificação a que se refere o § 1º do art. 23 da Lei nº 4.131, de 3 de setembro de 1.962.
>
> Art. 2º A classificação incorreta sujeita as instituições financeiras e demais instituições autorizadas a funcionar pelo Banco Central do Brasil, autorizadas a operar no mercado de câmbio, às penalidades previstas na legislação e a outras sanções administrativas por parte do Banco Central do Brasil.
>
> Art. 3º A existência de códigos para classificação de operações e a possibilidade de efetuar registros no Sistema Câmbio não elidem a responsabilidade das partes envolvidas quanto à observância de disposições legais, bem como de normas e procedimentos específicos definidos pelo Banco Central do Brasil ou outros órgãos/entidades governamentais. (Brasil, 2013f, p. 1)

Dessa maneira, a instituição financeira autorizada a operar no mercado de câmbio pelo BCB tem a responsabilidade de classificar a operação realizada com base nas informações fornecidas por seu cliente. No Capítulo 7, veremos como se classifica uma operação de câmbio.

3.3.4 Circular n. 3.691/2013

Podemos considerar que a Circular n. 3.691/2013 é a mais próxima do dia a dia de pessoas físicas e jurídicas que necessitam comprar ou vender moeda estrangeira, como é o caso das empresas importadoras e exportadoras. Da mesma forma, as instituições financeiras autorizadas a comprar e a vender moeda estrangeira pelo BCB, quando realizam as operações de câmbio, buscam a sustentação legal nessa circular, que dispõe sobre o mercado de câmbio.

Como podemos observar, o art. 1º desse documento apresenta as operações que podem ser realizadas no mercado de câmbio:

> Art. 1º Esta Circular trata das disposições normativas e dos procedimentos relativos ao mercado de câmbio tratado pela Resolução nº 3.568, de 29 de maio de 2.008, que engloba as operações:
>
> I – de compra e de venda de moeda estrangeira e as operações com ouro-instrumento cambial, realizadas com instituições autorizadas pelo Banco Central do Brasil a operar no mercado de câmbio, bem como as operações em moeda nacional entre residentes, domiciliados ou com sede no País e residentes, domiciliados ou com sede no exterior;
>
> II – relativas aos recebimentos, pagamentos e transferências do e para o exterior mediante a utilização de cartões de uso internacional, bem como as operações referentes às transferências financeiras postais internacionais, inclusive vales postais e reembolsos postais internacionais.
>
> (Brasil, 2013g, p. 1)

Mais adiante, no art. 2º, a circular estabelece os princípios básicos de como os agentes devem atuar no mercado de câmbio:

> Art.2º As pessoas físicas e as pessoas jurídicas podem comprar e vender moeda estrangeira ou realizar transferências internacionais em reais, de qualquer natureza, sem limitação de valor, sendo contraparte na operação agente autorizado a operar no mercado de câmbio, observada a legalidade da transação, tendo como base a fundamentação econômica e as responsabilidades definidas na respectiva documentação. (Brasil, 2013g, p. 1)

Portanto, o art. 2º faz com que as instituições autorizadas a operar com câmbio pelo BCB assumam enorme responsabilidade nas negociações de compra e venda de moeda estrangeira com seus clientes, que obrigatoriamente devem observar as condições exigidas pela lei.

3.4 Curso forçado da moeda

A legislação brasileira, conforme estabelecido no Decreto-Lei n. 857, de 11 de setembro de 1969 (Brasil, 1969), não permite que outra moeda que não a nacional seja utilizada no Brasil. Desse modo, sempre que houver um valor a receber do exterior ou a enviar para lá em moeda estrangeira, independentemente da natureza da operação (exportação, importação, empréstimo, juros, frete, serviço, doação etc.), haverá a necessidade de realizar a conversão por meio da compra ou da venda da moeda estrangeira.

Essa substituição é efetuada por intermédio de uma instituição autorizada a atuar nessa atividade pelo BCB, devendo-se formalizar a operação por meio de um contrato de câmbio, com as pessoas físicas ou jurídicas que necessitam comprar ou vender moeda estrangeira.

> Art 1º São nulos de pleno direito os contratos, títulos e quaisquer documentos, bem como as obrigações que exequíveis no Brasil, estipulem pagamento em ouro, em moeda estrangeira, ou, por alguma forma, restrinjam ou recusem, nos seus efeitos, o curso legal do **cruzeiro**.
> Art 2º Não se aplicam as disposições do artigo anterior:
> [...]
> III – aos contratos de compra e venda de câmbio em geral;
> [...]. (Brasil, 1969, grifo nosso)

Portanto, no Brasil, as transações financeiras decorrentes de qualquer tipo de negociação legal, independentemente da forma de pagamento utilizada, só podem ocorrer na moeda local vigente – atualmente, o real (R$).

Síntese

Neste capítulo, descrevemos algumas das mudanças na política cambial brasileira implementadas pelo BCB, principalmente após a estabilização econômica decorrente do Plano Real, a qual, junto com o crescimento das reservas internacionais do Brasil, permitiu a desburocratização nos processos das operações cambiais e, consequentemente, a redução dos custos envolvidos. Contudo, isso não eximiu os intervenientes no mercado de câmbio, sejam instituições financeiras, sejam pessoas físicas, sejam pessoas jurídicas, de grandes responsabilidades e obrigações ao comprarem ou venderem moeda estrangeira.

Também mostramos que não é permitido trabalhar com outra moeda no Brasil que não seja local, condição conhecida como *curso forçado da moeda* e estabelecida pelo Decreto-Lei n. 857/1969. Por esse motivo, é necessário efetuar operações de câmbio para as atividades de exportação, importação e demais transações financeiras com o exterior.

Por fim, destacamos a necessidade de conhecimento da aplicação da legislação cambial por parte das empresas que compram ou vendem moeda estrangeira, para que não fiquem sujeitas às penalidades previstas em lei.

Perguntas & respostas

Uma empresa que transfere recursos para uma conta no exterior de sua titularidade, em forma de disponibilidades, pode utilizá-los para quais finalidades?

> A empresa remetente de recursos para o exterior pode utilizá-los para pagar compromissos, investir no mercado financeiro e comprar bens no estrangeiro ou, caso queira, pode solicitar o retorno dos valores remetidos para sua conta no Brasil, sob o mesmo enquadramento (disponibilidade).

Questões para revisão

1. O Banco Central do Brasil (BCB) é a instituição responsável por conduzir a política cambial do país e tem realizado diversas ações para desburocratizar esse mercado.

Marque a alternativa que apresenta um dos objetivos do BCB em relação ao mercado cambial brasileiro:
a) Limitar a entrada e a saída de dívidas do Brasil nas operações de câmbio financeiro.
b) Manter a taxa de câmbio desvalorizada para aumentar as exportações brasileiras.
c) Manter a taxa de câmbio valorizada para aumentar as importações brasileiras.
d) Controlar o preço da taxa de câmbio para reduzir a inflação no país.
e) Deixar a regulamentação com a menor quantidade possível de procedimentos para que seja de simples interpretação e facilite a condução das operações de câmbio.

2. Um país, quando aumenta suas reservas internacionais, adota medidas na política cambial que visam facilitar o fluxo de moeda estrangeira. Para isso, é necessário efetuar mudanças nas legislações pertinentes. Assinale a alternativa que apresenta a legislação cambial vigente no Brasil:
a) Regulamento Aduaneiro.
b) Regulamento de Mercado de Câmbio e Capitais Internacionais (RMCCI).
c) Circulares do BCB.
d) Carta Circular Secex.
e) Medidas provisórias.

3. No início de 2014, entrou em vigor, no Brasil, a nova legislação cambial, por meio de quatro circulares do BCB. Indique a principal determinação de cada circular.

4. O BCB tem como objetivo deixar as operações cambiais menos burocráticas, mais ágeis e com menores custos

para os agentes participantes. Contudo, ele também estabelece alguns princípios que devem ser observados e praticados pelas instituições que compram e vendem moeda estrangeira. Quais são eles?

5. A respeito das características legais existentes no mercado de câmbio no Brasil, é correto afirmar:
   a) As pessoas jurídicas são as únicas que podem comprar e vender moeda estrangeira.
   b) Não são permitidas as transferências de reais para outros países.
   c) Os pagamentos e os recebimentos internacionais estão limitados às operações de exportação e importação.
   d) As operações de câmbio são realizadas por qualquer agente que compre ou venda moeda estrangeira.
   e) Não há limitação de valores para as transferências internacionais.

Questões para reflexão

1. Por que no Brasil não é permitido trabalhar com outra moeda senão a vigente no país – no caso atual, o real?
2. O que o BCB quer proporcionar aos agentes que atuam no mercado de câmbio em relação às legislações cambiais vigentes no país?

4

Classificação do mercado de câmbio

Conteúdos do capítulo:

› Mercado de câmbio do século XIV.
› Classificações do mercado de câmbio.

Após o estudo deste capítulo, você será capaz de:

1. compreender que o dinheiro é um produto e é comercializado para a obtenção de lucro;
2. classificar o mercado de câmbio que compra e vende moeda estrangeira em espécie;
3. estruturar o fluxo do mercado de câmbio sacado;
4. discriminar a origem da taxa de câmbio praticada no mercado de câmbio primário;
5. distinguir o câmbio comercial do câmbio turismo (preços e taxas);
6. diferenciar o mercado de câmbio comercial do mercado de câmbio financeiro;
7. relacionar o mercado de câmbio aos prazos de entrega da moeda estrangeira;
8. discernir o mercado de câmbio oficial do mercado de câmbio paralelo;
9. identificar o mercado de câmbio praticado no Brasil.

CERTAMENTE, O MERCADO DE CÂMBIO EXISTE HÁ MUITOS anos, desde a Antiguidade, pois já foram encontrados indícios da existência de moeda metálica nessa época. Desde então, até os dias de hoje, esse mercado firmou suas características de acordo com o meio de circulação do dinheiro, as peculiaridades legais de cada país e o valor atribuído a cada moeda.

Para demonstrar como o mercado de câmbio é praticado há tempos, uma história relatada por Ildefonso Falcones (2007), ocorrida no século XIV, em Barcelona, no período da construção da Igreja Santa Maria do Mar, retrata os fundamentos que estão envolvidos na troca de moedas. Nesse relato, é interessante perceber como o diálogo entre as personagens é semelhante ao utilizado pelos atuais operadores de câmbio.

> – A primeira função de um cambista – disse Guillem [...] – é o câmbio manual de moedas. [...]
> – Agora preste atenção – disse, tirando uma moeda da bolsa e colocando-a na mesa. – Conhece-a? – Arnau disse que sim. – É um *croat* de prata catalão. É cunhada em Barcelona, a poucos passos daqui...
> [...].
> Guillen assentiu sorrindo e voltou a colocar a mão na bolsa.
> – Esta [...] é um florin de ouro aragonês. [...] Esta é uma antiga moeda barcelonesa, o *tern*. [...] Mas no comércio há muitas outras moedas [...] e você deve conhecer todas elas. As mulçumanas: besantes; mamudes reais, besantes de ouro. [...] Os tornates franceses; os dobrões de ouro castelhanos; os florins de ouro cunhados em Florença; os genoveses, cunhados em Gênova; os ducados venezianos; a moeda marselhesa e as outras moedas catalãs: o real valenciano ou maiorquino, o *gros* de Montpellier, os *melgorianos* dos Pireneus orientais e *jaquesa*, cunhada em Jaca e usada

principalmente em Lérida. [...] Você precisa conhecer todas elas – insistiu Guillem.

[...]

– Existem mais? – perguntou [Arnau], olhando para Guillem.

– Sim, muitas mais. Mas estas são as mais usadas.

– E como se trocam?

[...]

– Isso é mais complicado. [...] Bem, para trocá-las, usamos as unidades de valor: as libras e marcos para as grandes transações; os dinheiros e soldos para o uso corrente. [...] Quando você tem uma moeda, precisa avaliá-la segundo a unidade de valor e depois fazer o mesmo com a moeda pela qual quer trocá-la.

Arnau tentava acompanhar as explicações do mouro.

– E esses valores?

– São fixados periodicamente na alfândega de Barcelona, no Consulado do Mar. É preciso ir até lá para saber o câmbio oficial.

– Ele varia? – Arnau sacudiu a cabeça [...].

– Constantemente – respondeu Guillem. – É preciso dominar os câmbios; nisto reside o maior lucro de um cambista. Você verá. Um dos maiores negócios é a compra e venda de dinheiro...

– Comprar dinheiro?

– Sim. Comprar... ou vender dinheiro. Comprar prata com ouro ou ouro com prata, jogando com as diversas moedas que existem; aqui em Barcelona, se o câmbio estiver bom, ou no estrangeiro, se lá estiver melhor.

Fonte: Falcones, 2007, p. 328-330.

De maneira semelhante, no mercado de câmbio de hoje, há várias moedas, cada uma com seu valor. Há aquelas que são aceitas e as que não o são nas transações comerciais e financeiras internacionais. Dessa forma, a moeda é negociada como qualquer outro produto, e seus donos buscam obter a maior rentabilidade possível em seu comércio, ou seja, comprá-la pelo menor preço e vendê-la pelo maior.

4.1 Mercado de câmbio

O mercado de câmbio envolve a compra e a venda da moeda estrangeira, atividades que podem ser praticadas por diferentes agentes. O produto negociado pode ser entregue ao comprador de formas distintas, em prazos predeterminados e relacionados a diversos tipos de transação. Assim, o mercado de câmbio, como é muito amplo, pode apresentar várias categorizações ou divisões. A seguir, apresentaremos as classificações mais utilizadas pelos participantes desse campo financeiro.

4.1.1 Mercado de câmbio manual

O mercado de câmbio manual trata de operações de compra e venda de moeda estrangeira em espécie ou por meio de cheques de viagem. Essas negociações são realizadas por instituições autorizadas a operar nessa área, como os bancos múltiplos, os bancos comerciais e as casas de câmbio, com a única finalidade de viagem. Por isso, esse mercado é denominado também de *turismo* ou, simplesmente, *câmbio turismo*. Como o próprio nome revela, a entrega da moeda estrangeira é em espécie.

Para exemplificar a operação de câmbio manual, podemos supor a situação em que um indivíduo (pessoa física) precisa viajar ao exterior para participar de um feira internacional. Obviamente, essa pessoa terá de comprar moeda estrangeira para se manter no exterior pelo período previsto. Dessa forma, ela poderá comprar dólar, euro ou outra moeda estrangeira que esteja disponível, de acordo com sua necessidade, em uma instituição autorizada a operar com câmbio pelo Banco Central do Brasil (BCB). Nessa circunstância, não há limitação para o valor a ser negociado, porém a instituição deverá observar a regulamentação pertinente para a prática desse tipo de negociação.

Outros exemplos são os casos de um brasileiro que retorna do exterior ou de um estrangeiro que ingressa no Brasil com moeda estrangeira, os quais também devem convertê-la em reais em alguma instituição autorizada. Vale ressaltar que as transações realizadas no mercado de câmbio manual têm como única finalidade a utilização da moeda estrangeira em viagens para o exterior – venda para pessoas que irão a outros países – ou a compra de moeda estrangeira de pessoas de outras localidades que ingressam no Brasil ou de brasileiros que retornam ao país. A taxa de câmbio praticada nesse mercado é diferenciada em relação à praticada nas operações de câmbio de exportação e importação.

O Quadro 4.1 mostra as taxas de cotação do dólar norte-americano praticadas às 14 horas do dia 23 de julho de 2018.

Quadro 4.1 – *Cotação do dólar norte-americano às 14 horas do dia 23 de julho de 2018*

Moeda	Taxa de compra	Taxa de venda
Dólar comercial	3,7918	3,7929
Dólar turismo	3,6400	3,9400
Dólar Ptax	3,7909	3,7915

Fonte: Elaborado com base em BCB, 2018a; UOL, 2018a, 2018b.

Podemos verificar, no Quadro 4.1, que o *spread* – diferença entre a taxa de compra e a de venda – do dólar turismo é maior do que o do dólar comercial. Isso acontece porque, no preço do dólar turismo, estão incluídos alguns custos (seguro, manuseio, transporte, entre outros) que não fazem parte do preço do dólar comercial. Assim também ocorre com as outras moedas negociadas no mercado de câmbio

Naquele dia (23 de julho de 2018) e naquele horário (14 horas), caso uma pessoa física precisasse comprar dólares para viagem, pagaria R$ 3,9400 por dólar; já uma empresa que fosse pagar por uma importação desembolsaria R$ 3,7929 por dólar.

Outra informação importante que deve ser conhecida pelos interessados em comprar moeda no câmbio manual – para adquirir moeda em espécie, carregar cartão de viagem (*travel money card*) ou utilizar o cartão de crédito no exterior ou via internet – refere-se à incidência do Imposto sobre Operações Financeiras (IOF).

Quadro 4.2 – *IOF incidente sobre operações de câmbio manual*

Modalidade	Alíquota (%)	Base de cálculo
Compra em espécie	1,10	Valor da moeda comprada
Cartão de débito	6,38	Valor do cartão carregado
Cartão de crédito	6,38	Valor da compra em US$[a]

Fonte: Elaborado com base em Cucolo, 2016.

---

[a] Se a compra for realizada em outra moeda estrangeira, o valor é convertido para dólar para depois ser aplicada a taxa de IOF.

Vale lembrar que as alíquotas apresentadas no Quadro 4.2 podem ser alteradas de acordo com o interesse do governo em aumentar ou diminuir a receita obtida por meio das operações de câmbio no mercado manual.

4.1.2 Mercado de câmbio sacado

As operações no mercado de câmbio sacado são realizadas por meio de movimentações de débitos e créditos em moeda estrangeira em contas de bancos brasileiros no exterior, autorizadas pelo BCB.

No Brasil, conforme estimativa do BCB, são negociados de US$ 6 bilhões a US$ 10 bilhões por dia, em operações oriundas de transações comerciais de exportação e importação e de remessas de recursos para o exterior ou de recebimento de valores de outros países que são tratados como operações de câmbio financeiro.

Conforme Bruno Ratti (2000, p. 129), o mercado de câmbio sacado

> compreende o grosso das operações cambiais realizadas pelos estabelecimentos bancários, ou seja, a compra ou venda de divisas estrangeiras, representadas por depósitos, letras de câmbio, cheques, ordens de pagamento, valores mobiliários etc. A concretização dessas operações ocorre mediante movimentação (débito ou crédito) nas contas de depósitos que os bancos mantêm junto a seus correspondentes no exterior.

Como a legislação brasileira não permite a movimentação de moeda estrangeira no país e as transferências de recursos do exterior para o Brasil e do Brasil para o exterior são realizadas em moedas consideradas conversíveis, houve a necessidade de o BCB autorizar os bancos brasileiros a movimentar contas no exterior para atender a essa demanda. Na Figura 4.1, está representada a movimentação em conta de banco brasileiro no exterior, no mercado de câmbio sacado, decorrente do pagamento de US$ 100 mil referente à transação de produtos de uma indústria chinesa para uma empresa brasileira.

Figura 4.1 – *Fluxo de divisas no mercado de câmbio sacado*

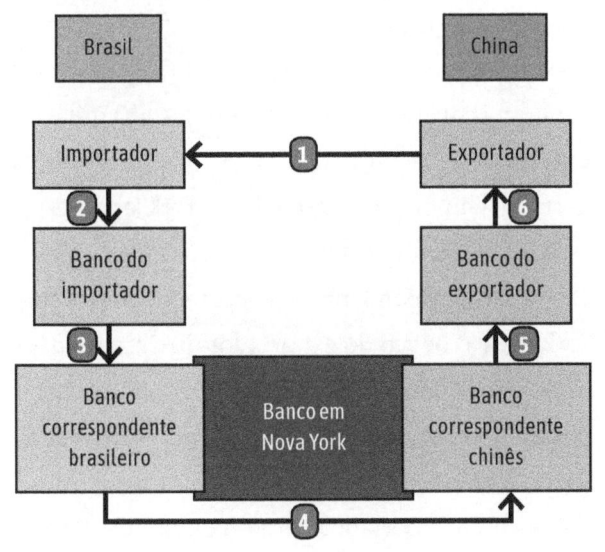

A seguir, apresentamos uma descrição do fluxo demonstrado na Figura 4.1.

1. O exportador chinês vende e embarca a mercadoria para o importador brasileiro no valor de US$ 100 mil.
2. O importador brasileiro compra US$ 100 mil, entrega o valor equivalente em reais para seu banco de

relacionamento, aqui no Brasil, por meio da contratação de câmbio de venda e solicita ao banco que pague o exportador chinês.

3. O banco de relacionamento do importador brasileiro fica com os reais recebidos e solicita a seu banco correspondente em Nova York que debite de sua conta o valor de US$ 100 mil e o transfira para o banco correspondente do exportador chinês, também em Nova York – a maioria das operações de câmbio em que o dólar norte-americano é a moeda utilizada é transacionada em Nova York, por se tratar do principal centro financeiro mundial.

4. O banco correspondente do banco brasileiro efetua um débito na conta deste no valor de US$ 100 mil e credita essa quantia na conta do banco correspondente do exportador chinês, também em Nova York (agora esse valor é do exportador chinês[b]).

5. O banco correspondente do exportador chinês em Nova York avisa o banco do exportador na China sobre o crédito em sua conta; esse valor fica disponível para o exportador chinês fazer a conversão para a moeda de seu país (renminbi) em seu banco na China.

6. O banco do exportador chinês compra os US$ 100 mil do exportador e credita em sua conta o valor correspondente na moeda local.

Portanto, quando um banco no Brasil vende dólares (moeda estrangeira) para um importador por intermédio de uma operação de câmbio, o valor dos dólares é debitado

---

b O débito é feito na conta de um banco brasileiro no exterior autorizado pelo BCB.

na conta do banco correspondente[c] no exterior, no caso, em Nova York. Na situação contrária, o banco no Brasil acumula dólares (moeda estrangeira) em conta no exterior (crédito) quando compra o dólar do exportador brasileiro. Vale ressaltar que esse é um exemplo para uma operação de importação e exportação. As movimentações de débito e crédito em conta mantida no exterior por instituições financeiras autorizadas a operar com câmbio valem para quaisquer operações de compra e venda de moeda estrangeira realizada no Brasil.

4.1.3 Mercados de câmbio primário e secundário

A categoria dos mercados de câmbio primário e secundário remete aos agentes que participam da compra e da venda de moeda estrangeira.

No **mercado de câmbio primário**, são realizadas transações entre as instituições autorizadas e seus clientes, podendo ser pessoas físicas ou jurídicas, que necessitam comprar ou vender moeda estrangeira. É o caso de um exportador brasileiro que vende a moeda estrangeira recebida de um importador estrangeiro (via transferência bancária) para seu banco de relacionamento.

O **mercado de câmbio secundário** ou **interbancário**, por sua vez, é o ambiente no qual ocorrem as transaçõesde compra e

---

c   Quando a movimentação das transferências é feita em dólar norte-americano, os bancos brasileiros, em geral, dispõem de uma conta em Nova York, mas poderia ser em qualquer outra cidade de qualquer país do mundo. Os principais bancos brasileiros, normalmente, mantêm uma agência em Nova York para atender às demandas das empresas brasileiras, além de outras finalidades, mas também podem ter conta em outro banco. A abertura de uma conta e a realização de outras operações bancárias em bancos do exterior consolidam e facilitam o relacionamento para os bancos brasileiros.

venda de moeda estrangeira entre as instituições autorizadas a operar nessa área pelo BCB. Uma de suas principais características importantes é a precificação da taxa de câmbio, pois é com base nessa taxa que os bancos negociam com seus clientes no mercado de câmbio primário. Como o objetivo do banco é ter lucro, assim como qualquer outra instituição que pratique o comércio, é justo que, ao negociar o valor da taxa no mercado primário, adicione o *spread* necessário para rentabilizar suas operações.

Os bancos utilizam muito o mercado interbancário para adequar suas posições cambiais diárias, isto é, o saldo em caixa de moeda estrangeira de que dispõem no fim do dia. No Quadro 4.3, está representada a dinâmica dos mercados de câmbio primário e secundário negociados no mês de maio de 2018.

Quadro 4.3 – *Mercados de câmbio primário e secundário*

Mercado de câmbio: maio de 2018 (21 dias úteis)					
Mercado de câmbio primário		Mercado de câmbio interbancário		Mercado de câmbio total	
Quantidade	US$ bilhões	Quantidade	US$ bilhões	Quantidade	US$ bilhões
654.510	129,208	117.504	97,356	772.014	226,564

Fonte: Elaborado com base em BCB, 2018i.

Nesse quadro, considerando-se os 21 dias úteis do mês de maio de 2018, é interessante destacar que a média diária de operações foi de 36.763, e a média diária de movimentações, US$ 10,8 bilhões.

4.1.4 Mercados de câmbio comercial e financeiro

As operações no mercados de câmbio comercial e financeiro são fáceis de serem identificadas em razão de seu enquadramento ou da finalidade relacionada à entrega da moeda estrangeira por uma das partes envolvidas. Fazem parte do **mercado de câmbio comercial** as negociações vinculadas às transações comerciais de exportação e de importação de mercadorias ou serviços.

Quadro 4.4 – Mercado de câmbio comercial

Mercado de câmbio comercial: maio de 2018 (21 dias úteis)			
Exportação		Importação	
Quantidade	US$ bilhões	Quantidade	US$ bilhões
38.207	20,452	102.789	13,044

Fonte: Elaborado com base em BCB, 2018i.

As operações de compra e venda de moeda estrangeira relacionadas a outras finalidades que não sejam a exportação e a importação (câmbio comercial) são classificadas como **mercado de câmbio financeiro**. Podem ser enquadradas nessa categoria dezenas de transações, como o fechamento decorrente de transferência de moeda estrangeira para pagamento de juros ou de frete internacional e recebimento de aluguel, empréstimo, doação ou indenização de seguros, entre outras.

Quadro 4.5 – Mercado de câmbio financeiro

Mercado de câmbio financeiro: maio de 2018 (21 dias úteis)			
Transferências do exterior		Transferências para o exterior	
Quantidade	US$ bilhões	Quantidade	US$ bilhões
236.429	45,040	277.085	50,669

Fonte: Elaborado com base em BCB, 2018i.

Os dois mercados – comercial e financeiro – trabalham com a mesma taxa de câmbio, que tem como base a taxa praticada no mercado interbancário.

4.1.5 Mercados de câmbio pronto e futuro

Quando se negocia em moeda estrangeira, o vendedor tem a obrigação de entregá-la ao comprador em uma data predeterminada. Caso aquele seja uma instituição financeira, o contrato de câmbio será classificado como contrato de venda, e a outra parte será uma pessoa física ou jurídica. Na situação contrária, os papéis se invertem, e os envolvidos formalizam um contrato de compra.

O **mercado de câmbio pronto** envolve as negociações em que o vendedor entrega ao comprador a moeda estrangeira em até dois dias úteis após a data da contratação. A maioria das operações de câmbio ocorrem nesse mercado, uma vez que o vendedor, normalmente, dispõe da moeda estrangeira para entregá-la ao comprador.

Figura 4.2 – Mercado de câmbio pronto[d]

D-0	D-1	D-2
Contratação do câmbio (fechamento do câmbio)	1º dia útil	2º dia útil (liquidação do câmbio)

Uma operação classificada como mercado de câmbio pronto ocorre quando um importador de outro país efetua um pagamento em moeda estrangeira para um exportador brasileiro. Nesse caso, o valor transacionado, que pertence ao exportador (por exemplo, em dólar), fica creditado na conta de um banco brasileiro em Nova York. Essa quantia permanece disponível para o exportador negociar no momento em que achar mais oportuno. Dessa maneira, quando

---

[d] No mercado de câmbio, usa-se as indicações D-0 (dia da contratação), D-1 (primeiro dia), D-2 (segundo dia) até D-n (dia n), considerando-se somente os dias úteis após a contratação.

ele vender a moeda estrangeira para o banco negociador do câmbio, deverá entregá-la de imediato e então receber o valor equivalente em real.

O **mercado de câmbio futuro** também está relacionado ao prazo de entrega da moeda estrangeira. Se o vendedor entregá-la após o segundo dia útil à contratação, a transação já será considerada uma operação desse mercado.

Figura 4.3 – Câmbio futuro

D-0	D-1	D-2	D-n →
Contratação do câmbio (fechamento do câmbio)	1º dia útil	2º dia útil	n dia útil (liquidação do câmbio)

Entre as operações que ocorrem nesse mercado, podemos citar o financiamento à exportação por meio do contrato de câmbio – tanto por adiantamento sobre contrato de câmbio (ACC) quanto por adiantamento sobre cambiais entregues (ACE) – e as transações de câmbio travado entre outras.

Como exemplo, suponhamos um caso de transação de câmbio travado de exportação. Um exportador brasileiro tem a receber de um importador chileno US$ 50 mil, referentes a uma venda cujo pagamento ficou acordado para acontecer 90 dias após a data do embarque do produto. Passados 10 dias dessa data, o exportador negocia a venda de moeda estrangeira (contratação de câmbio) com seu banco de relacionamento, o qual compra os US$ 50 mil do exportador para recebê-los 80 dias depois da data da negociação (contratação de câmbio). Assim, o exportador – vendedor da moeda estrangeira – entregará a quantia negociada ao banco em uma data futura – prazo superior a dois dias úteis da contratação. Portanto, trata-se de uma operação realizada no mercado de câmbio futuro. Além disso, por ser uma transação de câmbio travado, o banco, por sua vez, entregará o valor em reais equivalente a US$ 50 mil ao exportador brasileiro também no prazo de 80 dias após a contratação do câmbio. A taxa de câmbio, nesse caso, é acordada entre as partes no dia da contratação, independentemente de quanto ela valerá na data de entrega dos valores.

4.1.6 Mercados de câmbio livre e controlado

Além das classificações vistas anteriormente, há aquelas que dependem do regime de mercado de câmbio adotado por determinado país, que pode aplicar menor ou maior controle nas operações que envolvem transferências de recursos (divisas) entre ele e os demais países. Nesse caso, podem ocorrer o mercado de câmbio livre ou o mercado de câmbio controlado.

No mercado de câmbio livre, também chamado de *mercado de câmbio flutuante*, a interferência do país na política cambial é mínima, existindo apenas quando o banco central entra no mercado com a finalidade de ajustar o valor da taxa de câmbio. Os países que adotam esse mercado têm – ou buscam – uma economia aberta e geralmente suas reservas internacionais são equilibradas. É o caso do Brasil, que, atualmente, apresenta um câmbio livre, porém com a interferência do BCB, caso ela seja necessária.

Já os países que se encontram em uma situação política desestabilizada, com a economia desequilibrada e com dificuldades para manter suas reservas internacionais, optam por adotar o **mercado de câmbio controlado** por um maior ou menor período, com a finalidade de ajustar os problemas internos, inclusive fixando o valor da taxa de câmbio.

4.1.7 Mercado de câmbio paralelo

O mercado de câmbio paralelo é considerado ilegal pelas autoridades brasileiras porque é praticado por agentes não autorizados pelo BCB, pois pressupõe valores advindos de práticas como compra e venda de moeda estrangeira procedente de superfaturamento de exportação ou de subfaturamento de importação, corrupção, lavagem de dinheiro e outras de menor relevância, mas também consideradas ilegais.

Vejamos um exemplo de como a moeda estrangeira comprada no mercado de câmbio oficial pode chegar ao paralelo.

Um indivíduo compra, em um banco autorizado pelo BCB a operar com câmbio, o valor de US$ 15 mil em espécie, para viajar e realizar um curso no exterior. Durante a viagem, são utilizados US$ 11 mil. Ao retornar ao Brasil, o sujeito usa a sobra de US$ 4 mil para pagar uma dívida. Nesse momento, esse valor de US$ 4 mil sai do mercado de câmbio oficial e ingressa no paralelo. Para evitar que isso acontecesse, o indivíduo deveria agir corretamente e vender a sobra de US$ 4 mil para uma instituição autorizada pelo BCB.

Síntese

Abordamos, neste capítulo, as diferentes formas de classificar o câmbio, levando em conta, especialmente, a modalidade e o prazo de entrega da moeda estrangeira, os agentes atuantes na negociação e a finalidade da operação.

Também vimos que a adoção do mercado de câmbio livre ou do mercado de câmbio controlado depende das características de cada país em relação ao nível de influência do governo na política cambial. Por fim, destacamos a linha que separa o mercado de câmbio oficial do paralelo (não oficial).

Dessa maneira, ao analisarmos uma operação de importação, na qual os recursos precisam estar disponíveis para o exportador estrangeiro, via transferência bancária internacional, em até dois dias úteis da contratação do câmbio, podemos enquadrá-la nas seguintes categorias: mercado de câmbio comercial, por se tratar de uma importação; mercado de câmbio sacado, porque haverá uma transferência bancária de valores – no caso, um débito na conta de moeda estrangeira de um banco no exterior; mercado de câmbio pronto, porque o valor da moeda estrangeira deverá ser entregue em até dois dias úteis da data da contratação; e mercado de câmbio primário, por ser uma operação entre o importador (cliente) e o banco.

Perguntas & respostas

Por que as empresas que compram ou vendem moeda estrangeira, principalmente aquelas que têm um volume expressivo de contratação de câmbio, precisam acompanhar o mercado de câmbio interbancário?

> Porque a taxa de câmbio que é negociada no mercado interbancário é a base que os bancos usam para negociar no mercado primário. Assim, as empresas podem saber se a taxa de câmbio praticada em uma negociação está adequada.

Questões para revisão

1. Assinale a alternativa que apresenta uma transação que **não** se enquadra na categoria de mercado de câmbio oficial:
   a) Um exportador brasileiro vende US$ 100 mil para um banco brasileiro autorizado pelo BCB a operar em câmbio.
   b) Um turista estrangeiro compra US$ 1 mil em uma casa de câmbio autorizada pelo BCB a operar em câmbio.
   c) Um importador brasileiro paga por sua compra diretamente ao exportador estrangeiro.
   d) Um valor de US$ 50 mil ingressa no país sob a modalidade de investimento externo, sendo registrado no Sistema de Informação do Banco Central (Sisbacen).
   e) Um banco vende US$ 5 mil para outro banco, ambos nacionais.

2. Relacione as categorias de marcado de câmbio a seguir com as proposições corespondetes.
   I. Mercado de câmbio primário.
   II. Mercado de câmbio sacado.
   III. Mercado de câmbio comercial.
   IV. Mercado de câmbio pronto.
   ( ) Operação de câmbio na qual a transferência é efetuada eletronicamente.
   ( ) Operação de câmbio de exportação ou de importação.
   ( ) Operação de câmbio na qual a moeda estrangeira é entregue em até dois dias úteis.
   ( ) Operação de câmbio realizada entre o banco e o importador.

Agora, assinale a alternativa que apresenta a sequência correta:

a) I, III, II, IV.
b) II, III, IV, I.
c) III, I, II, IV.
d) III, IV, II, I.
e) IV, I, III, II.

3. Cada classificação do mercado de câmbio apresenta características específicas. Descreva o funcionamento do mercado de câmbio sacado.

4. As transações que envolvem o manuseio de moeda estrangeira em espécie ou por cheques de viagens, trocando-a por moeda nacional e vice-versa, ocorrem em que tipo de mercado de câmbio?

a) Mercado de câmbio manual.
b) Mercado de câmbio primário.
c) Mercado de câmbio sacado.
d) Mercado de câmbio secundário.
e) Mercado de câmbio paralelo.

5. Determinada empresa contratou um câmbio de importação no valor de US$ 100 mil para pagar uma compra efetuada de uma indústria exportadora chinesa, que recebeu o pagamento dois dias depois. Analisando essa operação, identifique em quais categorias de mercado de câmbio ela se enquadra.

Questões para reflexão

1. São comuns, no Brasil, transações nas quais turistas pagam seus gastos com moeda estrangeira em espécie a instituições não autorizadas pelo BCB a operar no mercado de câmbio, como ocorre, por exemplo, em restaurantes e hotéis. Qual sua opinião sobre essas práticas?
2. Por que as empresas que trabalham com comércio exterior devem conhecer como atua o mercado de câmbio?

5
Taxa de câmbio

Conteúdos do capítulo:

> Conversão de moedas.
> Classificação de moedas.
> Taxa de câmbio.
> Taxa de câmbio livre.
> Taxa de câmbio fixa.

Após o estudo deste capítulo, você será capaz de:

1. compreender a necessidade de conversão de moedas nas negociações internacionais;
2. definir a taxa de câmbio;
3. descrever como o Brasil precifica a moeda estrangeira;
4. identificar a intervenção no mercado de câmbio pelo Banco Central do Brasil (BCB);
5. determinar a função dos *dealers* de câmbio;
6. analisar a escolha do mercado de câmbio pelos países.

No cenário mundial, cada país negocia, internamente, com sua moeda oficial, seja ela conversível ou não. Entretanto, quando as negociações comerciais e financeiras ultrapassam fronteiras, direcionando transferências de recursos entre duas ou mais nações, surge a necessidade de comparar o valor da moeda de um país em relação ao valor da moeda do outro.

Contudo, nem sempre as moedas dos países envolvidos em uma negociação são utilizadas nas transferências de divisas. Em uma operação na qual uma empresa do Chile, por exemplo, efetua uma exportação para uma organização da Polônia, como ambos os países têm, cada um, a própria moeda – o peso chileno (CLP) e o *zloty* (PLN), respectivamente –, as duas unidades monetárias devem ser comparadas, pois, evidentemente, há uma relação de valores entre elas.

O Quadro 5.1, apresenta a relação de preços entre as moedas chilena e polonesa no dia 15 de junho de 2018.

Quadro 5.1 – *Conversão das moedas chilena e polonesa*

Resultado da Conversão

Conversão de: PESO CHILE/CLP (715) Valor a converter: 1,00	Para: ZLOTY/POLONIA/PLN (975) Resultado da conversão: 0,01
Data cotação utilizada: 15/06/2018 Taxa: 1 PESO CHILE/CLP (715) = 0,0058227 ZLOTY/POLONIA/PLN (975) 1 ZLOTY/POLONIA/PLN (975) = 171,7416319 PESO CHILE/CLP (715)	

Fonte: BCB, 2018e.

No entanto, nem a organização polonesa dispõe da moeda chilena para efetuar o pagamento nem a empresa chilena deseja receber na moeda polonesa. Dessa maneira, a negociação entre as instituições dos dois países deve ser realizada em outra unidade monetária, provavelmente o dólar norte-americano ou o euro, as moedas mais utilizadas no mercado internacional. Caso a operação seja realizada em euro, a organização polonesa terá de converter o *zloty* em euro para fazer o pagamento e, consequentemente, a empresa chilena converterá o euro em peso chileno para então receber o valor da exportação.

A troca ou a conversão de moedas é realizada por agentes do mercado de câmbio, que têm como objetivo obter lucro na negociação de moedas. Assim, como em qualquer outro tipo de comércio, eles buscam comprar a moeda por um preço menor e vendê-la com um preço maior. O ponto-chave é saber qual é o melhor momento para negociar a moeda, ou seja, quando o preço da taxa de câmbio estará mais alto ou mais baixo. A razão disso é que o valor das moedas que circulam mundialmente sofre alterações permanentes, por causa da lei da oferta e da procura, que está relacionada, principalmente, às economias locais e à internacional.

5.1 Conceito de taxa de câmbio

Entende-se por *taxa de câmbio* o valor em moeda nacional atribuído uma unidade de moeda estrangeira ou, de forma inversa, o preço em moeda estrangeira estabelecido para uma unidade da moeda nacional. O Banco Central do Brasil (BCB) conceitua *taxa de câmbio* da seguinte maneira:

> Taxa de câmbio é o preço de uma moeda estrangeira medido em unidades ou frações (centavos) da moeda nacional. No Brasil, a moeda estrangeira mais negociada é o dólar dos Estados Unidos, fazendo com que a cotação comumente utilizada seja a dessa moeda. Assim, quando dizemos, por exemplo, que a taxa de câmbio é 1,80, significa que um dólar dos Estados Unidos custa R$ 1,80. A taxa de câmbio reflete, assim, o custo de uma moeda em relação à outra. (BCB, 2014)

O Quadro 5.2 mostra a cotação de algumas moedas estrangeiras em 15 de junho de 2018.

Quadro 5.2 – **Cotação de taxa de câmbio I**

Moeda estrangeira	Valor em moeda nacional
USD 1,00 (dólar norte-americano)	BRL 3,7732
EUR 1,00 (euro)	BRL 4,3822
GBP 1,00 (libra esterlina)	BRL 5,0112
JPY 1,00 (iene japonês)	BRL 0,03412
CNY 1,00 (renminbi chinês)	BRL 0,5858
ARS 1,00 (peso argentino)	BRL 0,1333
VEN 1,00 (bolívar venezuelano)	BRL 0,0000472

Fonte: Elaborado com base em BCB, 2018e.

Como vemos no Quadro 5.2, o Brasil, como a maioria dos países, adota um sistema para a precificação da moeda estrangeira, pelo qual o valor da moeda nacional (variável) é definido em relação a uma unidade de moeda estrangeira (constante). Caso o Brasil adotasse método oposto, manteria constante o valor da moeda nacional e atribuiria valores variáveis à moeda estrangeira. No Quadro 5.3, podemos observar como ficaria a cotação das mesmas moedas apresentadas no Quadro 5.2 se aplicada a valoração com base em uma unidade de moeda nacional.

Quadro 5.3 – **Cotação de taxa de câmbio II**

Moeda nacional	Valor em moeda estrangeira
BRL 1,00	USD 0,2650 (dólar norte-americano)
BRL 1,00	EUR 0,2282 (euro)
BRL 1,00	GBP 0,1996 (libra esterlina)
BRL 1,00	JPY 29,3083 (iene japonês)
BRL 1,00	CNY 1,7071 (renminbi chinês)
BRL 1,00	ARS 7,5019 (peso argentino)
BRL 1,00	VEN 21.186,44 (bolívar venezuelano)

Fonte: Elaborado com base em BCB, 2018e.

Comparando os Quadros 5.2 e 5.3, podemos concluir que, no dia 15 de junho 2018, o valor de uma unidade de dólar norte-americano em reais era de US$ 1,00 = R$ 3,7732, enquanto o valor de uma unidade de real em dólares norte americano era igual a R$ 1,00 = US$ 0,2650. No entanto, como comentamos anteriormente, o Brasil adota o sistema de precificação de moeda estrangeira demonstrado no Quadro 5.2.

Por causa dessa diferença no método de precificar as moedas nacionais, o BCB classifica as moedas em **tipo A** e **tipo B**, conforme é consta no Quadro 5.4, a seguir.

Quadro 5.4 – Classificação de moedas de acordo com o sistema de precificação

Código	Nome	Símbolo	Cód. País	País	Tipo
706	PESO ARGENTINO	ARS	00639	ARGENTINA	A
150	DÓLAR AUSTRALIANO	AUD	00698	AUSTRÁLIA	B
940	XELIM AUSTRÍACO	ATS	00728	ÁUSTRIA	A
360	FRANCO BELGA/BELG	BEF	00876	BÉLGICA	A
790	REAL BRASIL	BRL	01058	BRASIL	A
715	PESO CHILE	CLP	01589	CHILE	A
055	COROA DINAMARQUESA	DKK	02321	DINAMARCA	A
200	DÓLAR FIJI	FJD	08702	FIJI	B
550	LIBRA/IRLANDA	IEP	03751	IRLANDA	B
470	IENE	JPY	03999	JAPÃO	A
741	PESO/MÉXICO	MXN	04936	MÉXICO	A
795	RENMINBI CHINÊS	CNY	01600	CHINA, REPÚBLICA POPULAR	A
975	ZLOTY/POLÔNIA	PLN	06033	POLÔNIA, REPÚBLICA DA	A
830	RUBLO/RÚSSIA	RUB	06769	RÚSSIA, FEDERAÇÃO DA	A
978	EURO	EUR	0000	–	B
540	LIBRA ESTERLINA	GBP	0000	–	B
220	DÓLAR DOS EUA	USD	0000	–	A

Moedas do Tipo "A":
› Para calcular o valor equivalente em US$ (dólar americano), divida o montante na moeda consultada pela respectiva paridade.
› Para obter o valor em R$ (reais), multiplique o montante na moeda consultada pela respectiva taxa.

Moedas do Tipo "B":
› Para calcular o valor equivalente em US$ (dólar americano), multiplique o montante na moeda consultada pela respectiva paridade.
› Para obter o valor em R$ (reais), multiplique o montante na moeda consultada pela respectiva taxa.

Fonte: Elaborado com base em BCB, 2018l.

Nesse quadro, vemos que as moedas do tipo A são a maioria, ou seja, os países que precificam a moeda nacional variando seu valor em relação a uma unidade de moeda estrangeira são mais recorrentes. É o que ocorre no Brasil, como demonstrado no Quadro 5.2.

Já os países que têm a moeda nacional classificada como tipo B a precificam tomando por base sua unidade e variando, em relação a ela, o valor da moeda estrangeira.

5.2 Taxa de câmbio livre

Os países que adotam o regime de mercado de câmbio livre ou flutuante têm o valor da taxa de câmbio definido com base nas condições do mercado, principalmente a lei da oferta e da procura. Dessa forma, se a oferta de moeda estrangeira for maior, o valor da taxa tende a cair; caso contrário, se a procura for maior, a taxa tende a subir.

Essa posição fica bem clara quando Robert Carbaugh (2004, p. 406) conceitua a taxa de câmbio de equilíbrio: "Enquanto as autoridades monetárias não tentam estabilizar as taxas de câmbio ou moderar sua variação, a taxa de câmbio de equilíbrio é determinada pelas forças de mercado da oferta e da demanda".

Contudo, na prática, mesmo os países que optam por trabalhar em um mercado de câmbio livre intervêm na precificação e no controle da moeda estrangeira, alguns com menor e outros com maior intensidade. Armando Mellagi Filho e Sérgio Ishikawa (2003, p. 88) explicam: "Na verdade, não há um sistema de taxa de câmbio totalmente livre, uma vez que o governo pode intervir e/ou atuar como agente econômico no mercado de divisas para alcançar determinados objetivos de política econômica". O mercado utiliza uma denominação específica quando o governo intervém na taxa de câmbio: *dirty float* (flutuação suja).

5.2.1 Dealers de câmbio

O Brasil tem um mercado de câmbio livre, porém, quando julga necessário, a autoridade monetária intervém para estabilizá-lo. Dessa maneira, o BCB compra o excesso de dólar no mercado quando tem a intenção de aumentar o preço da taxa de câmbio. Caso queira baixar o valor da taxa, o BCB vende o dólar no mercado.

Além disso, o BCB realiza operações por meio de leilões de *swap*[a] cambial, que corresponde à venda de dólares no mercado de câmbio futuro; assim, a taxa de câmbio é pressionada para baixo ou tende a se estabilizar. Entretanto, quando o objetivo do BCB é forçar uma alta ou controlar uma queda acentuada da taxa, ele precisa fazer operações de *swap* reverso, que corresponde à compra de dólar no mercado futuro.

Os leilões de câmbio são negociados entre o BCB e os *dealers*, que são os bancos autorizados e selecionados pelo BCB para participar dos leilões de compra e venda de moeda

---

[a] De acordo com Luiz Alberto Climeni e Herbert Kimura (2008, p. 37), "O contrato de *swap* representa um derivativo no qual as contrapartes trocam fluxos de caixa atrelados a diferentes indexadores. O *swap* tem adquirido grande relevância tanto no mercado nacional quanto no internacional, principalmente quando o ativo-objeto é uma taxa de juros ou uma taxa de câmbio".

estrangeira (dólar). O Quadro 5.5 apresenta os *dealers* de câmbio em maio de 2018[b].

Quadro 5.5 – **Dealers de câmbio**

	Nome Instituição
01	BANCO DO BRASIL S.A.
02	BANCO BNP PARIBAS BRASIL S.A.
03	BANCO BRADESCO S.A.
04	BANCO CITIBANK S.A.
05	BANCO DE INVESTIMENTOS CREDIT SUISSE (BRASIL) S.A.
06	GOLDMAN SACHS DO BRASIL BANCO MULTIPLO S.A.
07	ITAÚ UNIBANCO S.A.
08	BANCO J.P. MORGAN S.A.
09	BANK OF AMERICA MERRILL LYNCH BANCO MÚLTIPLO S.A.
10	BANCO MORGAN STANLEY S.A.
11	BANCO BTG PACTUAL S.A.
12	BANCO SAFRA S.A.
13	BANCO SANTANDER (BRASIL) S.A.

Fonte: BCB, 2018j.

A variação da taxa de câmbio no Brasil no período de 1º de setembro de 2016 a 1º de setembro de 2017 é apresentada no Gráfico 5.1.

Gráfico 5.1 – **Taxa de câmbio USD/BRL**

Dólar norte-americano (USD) para real brasileiro (BRL) – histórico de 365 dias

mínima = 3,0565 (15 fev.)   média = 3,215   máxima = 3,5763 (1º dez.)

Fonte: Fxexchange Rate, 2017a, tradução nossa.

---

[b] Periodicamente, há alterações na composição dos *dealers* conforme critérios estabelecidos na Carta Circular n. 3.601, de 31 de maio de 2013 (Brasil, 2013a).

Podemos perceber no gráfico a grande oscilação no mercado de câmbio brasileiro em 2017, consequência de diversos fatores econômicos e políticos ocorridos no período. O pico da taxa de câmbio se deu no dia 1º de dezembro de 2016, quando seu valor chegou a US$ 1,00 = R$ 3,5763; já a mínima da taxa aconteceu no dia 15 de fevereiro de 2017, com o valor de US$ 1,00 = R$ 3,05765.

5.3 Taxa de câmbio fixa

A taxa de câmbio fixa é estabelecida pelo governo para dar suporte a suas necessidades de controle de divisas e conduzir a economia interna do país nos parâmetros de um equilíbrio sustentável.

Os países que controlam o regime de câmbio, adotando a taxa fixa em sua política cambial, normalmente são os que passam por instabilidade econômica. Dessa forma, o direcionamento político é determinante na escolha da política cambial. A Venezuela, por exemplo, adota um sistema de taxa de câmbio mista, desde 2016, porém ainda controlada. Nesse caso, para determinadas operações, como importação de remédios, alimentos e outros produtos considerados de primeira necessidade, o governo fixou inicialmente uma unidade de dólar em 10 bolívares, podendo haver alguns ajustes com o decorrer do tempo. Em 1º de setembro de 2017, a cotação estava em USD 1,00 = VEN 9,94975. Para as operações consideradas de menor relevância, como compra de supérfluos e gastos com cartão de crédito no exterior, o governo venezuelano estabeleceu a cotação de USD 1,00 = VEN 206,00, com possíveis ajustes, quando necessário. O controle do câmbio e dos preços é o motivo da incerteza de toda a economia venezuelana.

No Quadro 5.6, podemos observar alguns indicadores econômicos da Venezuela que suscitam uma reflexão sobre a calamidade em que se encontra o país.

Quadro 5.6 – **Indicadores econômicos da Venezuela**

Indicador	Valor	Período
Taxa de juros	21,93% ao ano	Abril de 2018
Reservas internacionais	US$ 9,9 bilhões	Abril de 2018
Dívidas externas	US$ 28 bilhões	Novembro de 2017
Inflação	13,379%	Abril de 2018 (acumulada nos 12 meses anteriores)

Fonte: Elaborado com base em Trading Economics, 2018d.

A China é outro país que manteve a taxa de câmbio fixa por muitos anos e somente deixou oficialmente esse regime em 2010, em virtude de pressões internacionais que consideravam que o país subvalorizava a taxa de câmbio, tornando os preços dos produtos lá fabricados extremamente competitivos no mercado internacional. Essa política deu certo por muitos anos, resultando em um crescimento médio de 10% ao ano. Na prática, desde 2010, o controle do governo chinês no mercado de câmbio ainda é muito rígido, intervindo no valor da taxa e controlando o fluxo de capitais estrangeiros.

Gráfico 5.2 – *Taxa de câmbio USD/CNY*

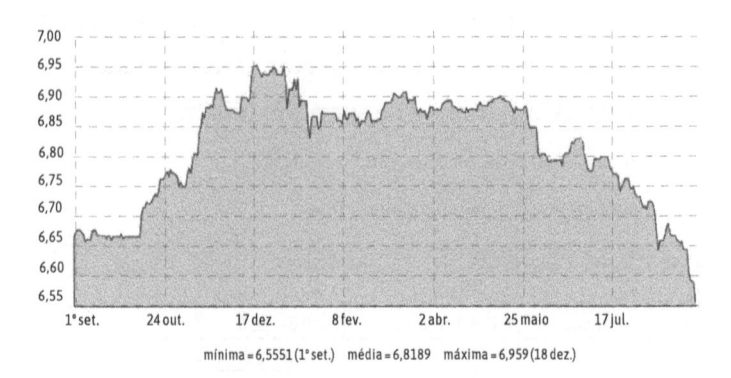

Dólar norte-americano (USD) para yuan chinês (CNY) – histórico de 365 dias

mínima = 6,5551 (1º set.)   média = 6,8189   máxima = 6,959 (18 dez.)

Fonte: Fxexchange Rate, 2017b, tradução nossa.

No Gráfico 5.2, podemos notar a pequena variação da taxa de câmbio da moeda chinesa, o renminbi (CNY), em comparação ao dólar (USD) no período de 1º de setembro de 2016 a 1º de setembro de 2017. O *spread*, diferença entre a maior e a menor taxa de câmbio no período, foi somente de CNY 0,4039. Em 1º de setembro de 2017, o valor de CNY 0,4039 equivalia a R$ 0,1928 (BCB, 2018e).

Síntese

Neste capítulo, mostramos que a taxa de câmbio se refere ao valor da moeda nacional em relação a uma unidade de moeda estrangeira. Especificamente quanto ao dólar norte-americano, vimos que a cotação em 31 de agosto de 2017 era US$ 1,00 = R$ 3,1470.

Os outros temas que analisamos ao longo do capítulo, como a taxa de câmbio livre e a fixa, estão relacionados ao regime de mercado adotado pelos países: flutuante e controlado, respectivamente. No caso do Brasil, atualmente, é adotado o sistema de mercado de câmbio flutuante ou livre, que tem como consequência a oscilação da taxa de câmbio de acordo com a lei da oferta e da procura em relação à moeda estrangeira.

Destacamos, também, que o BCB, a autoridade no mercado de câmbio brasileiro, pode intervir nesse mercado para equilibrar os desajustes do preço da taxa de câmbio quando julgar necessário. A ação do BCB, nesse caso, ocorre por meio de leilões de compra ou venda de moeda estrangeira negociados com os *dealers* de câmbio.

Por fim, abordamos utilização da taxa de câmbio fixa pelos países que se encontram em dificuldades econômicas e adotam o regime de câmbio controlado.

Perguntas & respostas

De que maneira o Banco Central do Brasil (BCB) pode intervir no mercado cambial para equilibrar eventuais distorções do preço da taxa de câmbio?

> O BCB pode comprar ou vender moeda estrangeira para pronta entrega ou entrega futura por meio dos *dealers* de câmbio. Caso a taxa de câmbio esteja alta, o BCB vende a moeda estrangeira, deixando, assim, mais moeda no mercado, o que faz com que o preço da taxa de câmbio tenda a cair. Caso a taxa de câmbio tenha um valor baixo, o BCB compra (retira) a moeda estrangeira do mercado com o objetivo de aumentar o preço da taxa de câmbio.

Questões para revisão

1. O mercado de câmbio é muito dinâmico e está sujeito às condições do mercado. Indique alguns fatores que influenciam a alteração da taxa de câmbio.
2. Relacione os dois tipos de mercado de câmbio às afirmativas apresentadas na sequência.
    i. Mercado de câmbio livre.
    ii. Mercado de câmbio controlado.
    ( ) A compra e a venda da moeda estrangeira são livremente praticadas pelos agentes.
    ( ) O governo participa ativamente do mercado restringindo as operações de câmbio.
    ( ) A taxa de câmbio é determinada pelo mercado.
    ( ) O governo desburocratiza as normas cambias facilitando o fluxo das transações.
    ( ) Os participantes não podem comprar livremente a moeda estrangeira.
    Agora, assinale a alternativa que apresenta a sequência correta:
    a) II, I, II, I, I.
    b) I, II, I, II, II.
    c) II, II, I, I, I.
    d) I, II, I, II, I.
    e) I, II, I, I, II.
3. Nesse tipo de mercado de câmbio, a compra e a venda de moeda estrangeira são livremente realizadas pelos participantes, o governo tem participação praticamente nula e a taxa de câmbio é determinada pelo próprio mercado.

Assinale a alternativa que apresenta o mercado de câmbio a que essas caraterísticas se referem:
a) Mercado de câmbio fixo.
b) Mercado de câmbio paralelo.
c) Mercado de câmbio controlado.
d) Mercado de câmbio livre.
e) Mercado de câmbio futuro.

4. Assinale a alternativa que ndica corretamente as instituições que estão autorizadas a operar no mercado de câmbio e credenciadas para participar dos leilões de compra e venda de moeda estrangeira realizados pelo Banco Central do Brasil (BCB):
a) *Dealers* de câmbio.
b) Bolsa de valores.
c) Corretoras de câmbio.
d) Bancos comerciais.
e) Bancos múltiplos .

5. Cada país escolhe o regime cambial em que deve atuar, livre ou controlado, considerando suas condições econômicas e em suas decisões políticas. Com base nessa afirmação, descreva duas características da taxa de câmbio livre e da taxa de câmbio fixa.

Questões para reflexão

1. Por que o Brasil não utiliza um sistema de precificação da moeda estrangeira igual ao da China?
2. O que difere a moeda do tipo A da moeda do tipo B?

6
Classificação das taxas de câmbio

Conteúdos do capítulo:

> Fatores que influenciam o valor da taxa de câmbio.
> Taxa de câmbio de compra e de venda.
> Taxa de câmbio turismo.
> Aplicação da taxa de câmbio comercial.
> Paridade de câmbio.
> Taxa Ptax.
> Taxa interbancária.

Após o estudo deste capítulo, você será capaz de:

1. diferenciar a taxa de câmbio de compra da taxa de câmbio de venda;
2. reconhecer a importância de acompanhar o mercado cambial;
3. identificar as operações de câmbio de compra e de venda;
4. calcular o *spread* praticado nas operações de câmbio;
5. estruturar os elementos que formam o preço da taxa de câmbio turismo;
6. apontar os tributos que incidem no mercado de câmbio manual;
7. estimar a paridade com base em duas taxas de câmbio;
8. compreender a utilização da taxa Ptax;
9. interpretar a negociação da taxa de câmbio entre bancos e empresas;
10. avaliar a rentabilidade ou o prejuízo em uma operação de câmbio.

Quem tem a intenção de comprar dólar quer pagar sempre o menor preço, e quem deseja vendê-lo quer sempre receber o maior preço – e assim é na negociação de qualquer moeda estrangeira.

Por isso, quando um exportador ou qualquer pessoa física ou jurídica precisa vender moeda estrangeira, seu desejo é receber o maior valor possível em reais pela venda. Nesse contexto, quanto maior for a taxa de câmbio, maior será o valor equivalente em moeda nacional. Contudo, não se pode esquecer que do outro lado da transação há um banco, que conhece o mercado de câmbio e conta com profissionais preparados para negociar, com a intenção de pagar menos reais pela taxa de câmbio.

Já no caso de uma operação de importação, a situação se dá de modo contrário: a pessoa física ou jurídica (importador) precisa comprar moeda estrangeira para pagar o compromisso no exterior. Assim, dessa vez, é o importador que deseja pagar menos reais pela taxa de câmbio.

Dessa maneira, o valor da taxa de câmbio oscila diariamente, de acordo com as condições do mercado. Ela será maior se a quantidade de moeda estrangeira disponível no mercado for menor; ao contrário, ela será menor se houver maior quantidade de moeda estrangeira disponível no mercado.

Nesses cenários, há fatores que influenciam a oferta e a demanda da moeda estrangeira e, consequentemente, o preço da taxa de câmbio:

› crise econômica interna ou externa;
› crise política interna ou externa;

> divulgação de indicadores econômicos em países com relevância mundial;
> movimento das bolsas de valores do Brasil e de outros países;
> especulações financeiras.

O profissional responsável por efetuar os fechamentos de câmbio de uma empresa tem a responsabilidade de conhecer os tipos de taxas utilizadas nas operações e saber como se comporta o mercado cambial, acompanhando, no dia a dia, o que influencia o preço da taxa de câmbio. Somente assim poderá fazer os fechamentos de câmbio com maior segurança e buscar a melhor taxa para a empresa em que atua.

6.1 Taxas de câmbio de compra e de venda

Como abordamos no capítulo anterior, a taxa de câmbio é o valor da moeda nacional em relação a uma unidade de moeda estrangeira; portanto, a taxa tem um preço, assim como qualquer produto que é comercializado.

Consideremos, por exemplo, a comercialização de um produto agrícola. O agricultor produz tomate e o vende a determinado preço para o distribuidor, que repassa o produto a outro custo para a rede varejista, a qual, por sua vez, comercializa o fruto por outro valor – cada um incluindo sua margem de lucro e buscando a melhor condição de mercado, ou seja, comprar por um preço menor e vender por um preço maior. Essa é a lógica do comércio.

O mercado cambial é similar a qualquer tipo de comércio: busca comprar a moeda estrangeira por um preço e vendê-la por outro. O Banco Central do Brasil (BCB) estabelece os critérios para identificar o comprador e o vendedor da moeda estrangeira, conforme o art. 10 da Circular n. 3.691, de 16 de dezembro de 2013 (Brasil, 2013g, p. 3):

> Art. 10. Para efeitos desta Circular, as referências à compra ou à venda de moeda estrangeira significam que a instituição autorizada a operar no mercado de câmbio é a compradora ou a vendedora, respectivamente.

Nesse caso, uma operação de câmbio é identificada sob a ótica da instituição financeira *banco* da seguinte maneira: se o banco compra a moeda estrangeira, trata-se de uma operação de compra e é utilizada a taxa de câmbio de compra; se o banco vende a moeda estrangeira, trata-se de uma operação de venda, e, por consequência, a taxa utilizada é a de venda.

Podemos observar, no Quadro 6.1, que a taxa de câmbio de compra é menor do que a de venda. A comparação entre ambas demonstra a lógica de qualquer operação comercial: comprar por um valor menor e vender por um preço maior (em nosso caso específico, a moeda estrangeira).

Quadro 6.1 – *Taxas de câmbio do dólar norte-americano (USD)*[a]

Taxas de câmbio	
Compra	Venda
R$ 3,1720	R$ 3,1750

A diferença entre as taxas de câmbio é conhecida no mercado como *spread*. Exemplificando, se determinado banco comprar US$ 100 mil de um exportador à taxa de US$ 1,00 = R$ 3,1720 e imediatamente vender o mesmo valor para um

---

[a] Taxas fictícias, meramente ilustrativas.

importador à taxa de US$ 1,00 = R$ 3,1750, terá, ao fim das transações, uma rentabilidade de R$ 300,00.

> (3,1750 – 3,1720) × US$ 100 mil = R$ 300,00

Na prática, é isto que ocorre no mercado de câmbio: os bancos compram moeda estrangeira a uma taxa de câmbio menor e a vendem a uma taxa maior, obtendo, assim, rentabilidade. Porém, em situações de seu interesse, nada impede que o banco compre ou venda moeda estrangeira a uma taxa que lhe traga prejuízo.

6.2 *Taxa de câmbio manual ou turismo*

A taxa de câmbio manual ou turismo é utilizada nas operações de compra e venda de moeda estrangeira cuja única finalidade é uso do dinheiro em viagem internacional. Por isso, além das transações em espécie, também é utilizada nas conversões para carregar os cartões pré-pagos de viagem, na compra e na venda de *travel check* (cheque de viagem) e nas compras com cartão de crédito internacional no exterior.

Nesse sentido, a taxa de câmbio turismo se diferencia da comercial em relação à utilização do dinheiro e ao valor, pois tem acrescentado a seu preço outros custos que não impactam a taxa de câmbio comercial, como manuseio do dinheiro, transporte, segurança e seguro, entre outros.

No Quadro 6.2, estão indicadas as diferenças de preço entre as taxas de câmbio turismo e comercial, no dia 23 de julho de 2018, para as negociações em dólar norte-americano e euro.

Quadro 6.2 – Taxas de câmbio turismo e comercial

Data: 23 de julho de 2018	Taxa USD		Taxa EUR	
	Compra	Venda	Compra	Venda
Câmbio turismo	R$ 3,6400	R$ 3,9400	R$ 4,4000	R$ 4,6600
Câmbio comercial	R$ 3,7918	R$ 3,7929	R$ 4,4356	R$ 4,4385

Fonte: Elaborado com base em UOL, 2018c.

É importante salientar que as cotações apresentadas no Quadro 6.2 eram válidas em determinado horário do dia 23 de julho de 2018, pois, como já vimos, as taxas de câmbio variam ao longo do dia de acordo com a lei da oferta e da procura. Da mesma maneira, pode ser diferente o *spread* negociado pelos diversos agentes autorizados a trabalhar com câmbio pelo BCB.

Outro detalhe importante que tem de ser levado em conta pelas pessoas que negociam a compra ou a venda da moeda estrangeira com um agente autorizado pelo BCB é a tributação que incide nas operações de câmbio manual, conforme demonstrado em capítulo anterior, no Quadro 4.2. Os interessados em comprar moeda estrangeira em espécie para viajar ao exterior podem consultar ou simular o custo total que envolve a negociação na página Ranking do VET[b], do *site* do BCB (2018h), que também mostra o *ranking* das instituições que compram e vendem moeda em espécie, isto é, as instituições que apresentam as melhores e as piores condições.

---

b   Valor Efetivo Total (VET).

6.3 Taxa de câmbio comercial

A taxa de câmbio comercial, muito divulgada nos meios de comunicação, é utilizada nas operações no mercado primário, isto é, nas transações realizadas entre os bancos e seus clientes, sejam elas comerciais, sejam financeiras.

Da mesma maneira que são identificados os outros tipos de taxas de câmbio, para a taxa de câmbio comercial também há os valores de compra e de venda, sempre sob a ótica do banco. No Quadro 6.3, são apresentadas as taxas de fechamento de compra e de venda do dólar comercial e as taxas mínima e máxima do dia 23 de julho de 2018.

Quadro 6.3 – Taxas de câmbio comercial – USD

Data: 23 de julho de 2018		Taxa de fechamento	
Mínima do dia	R$ 3,7770	Compra	Venda
Máxima do dia	R$ 3,7991	R$ 3,7824	R$ 3,7831

Fonte: Elaborado com base em UOL, 2018a.

Portanto, em uma operação de exportação, a taxa de câmbio utilizada é a de compra e, em uma operação de importação, é empregada a de venda.

6.4 Taxa de câmbio cruzada

Com base em duas taxas de câmbio, é possível estabelecer a relação de preço entre elas, a chamada *taxa de câmbio cruzada*, também conhecida como *paridade de câmbio*. Sobre esse conceito, Dênis Muniz da Silva Carvalho, Marcelo Gonçalves de Assis e Tarcísio Rodrigues Joaquim (2007, p. 31) apresentam uma definição básica, mas totalmente objetiva:

"Paridade é o preço de uma unidade de moeda estrangeira medido em unidades ou frações de outra moeda estrangeira". Quando se coloca em prática a ideia do autor, fica mais fácil compreender a paridade de câmbio.

› Exemplo para uma moeda do tipo A: iene (JPY) – símbolo: ¥[c]

US$ 1,00 = R$ 3,1500	Taxa de câmbio 1
¥ 1,00 = R$ 0,02900	Taxa de câmbio 2
US$ 1,00 = ¥ 108,6207	**Paridade de câmbio**

Para uma moeda do tipo A, divide-se o valor em reais da taxa do dólar pelo valor em reais da taxa da moeda (no caso, o iene japonês): **R$ 3,1500/R$ 0,02900**. Assim, a relação do dólar para o iene é de US$ 1,00 = ¥ 108,6207, ou seja, **1 dólar equivale a 108,6207 ienes**.

› Exemplo para uma moeda do tipo B: euro (EUR) – símbolo: €[d]

US$ 1,00 = R$ 3,1500	Taxa de câmbio 1
1,00 € = R$ 3,7200	Taxa de câmbio 2
1,00 € = US$ 1,1810	**Paridade de câmbio**

Para uma moeda do tipo B, divide-se o valor em reais de sua taxa (no caso, o euro) pelo valor em reais da taxa do dólar: **R$ 3,7200/R$ 3,1500**. Assim, a relação do euro para o dólar é de 1,00 € = US$ 1,1810, ou seja, **1 euro equivale a 1,1810 dólar**.

---

c   Cotações meramente ilustrativas.
d   Cotações meramente ilustrativas.

6.5 Taxa de câmbio Ptax

A taxa de câmbio Ptax é a taxa de compra e venda de euros e dólares divulgada pelo BCB no decorrer do dia, com base em consultas realizadas aos *dealers* de câmbio. A metodologia para calcular a Ptax consta na Circular n. 3.506, de 23 de setembro de 2010 (Brasil, 2010), e consiste em quatro consultas diárias às instituições credenciadas como *dealers* de câmbio. O resultado de cada consulta será obtido pela média das cotações, excluídos os dois maiores e os dois menores valores informados. Dessa forma, a taxa Ptax é definida pela média aritmética simples das quatro consultas e deve ser divulgada por volta das 13 horas. O Quadro 6.4 apresenta as taxas Ptax de fechamento do dólar norte-americano e do euro às 13 horas do dia 23 de julho de 2018.

Quadro 6.4 – Taxas Ptax

Dólar EUA	compra	venda
23/07 (PTAX)	3,7909	3,7915
23/07 – 13:00	3,7964	3,7970
Euro	compra	venda
23/07 (PTAX)	4,4354	4,4368
23/07 – 13:00	4,4418	4,4432

Fonte: BCB, 2018a.

A taxa Ptax é utilizada em diversas situações: na conversão de moeda estrangeira em reais de uma importação no ato do registro da Declaração de Importação (DI) no Sistema Integrado de Comércio Exterior (Siscomex); em algumas operações de câmbio previamente negociadas entre bancos e empresas; em contratos em dólar ou em euro realizados entre empresas; em contratos de operações de derivativos[e]; em contratos futuros de dólar negociados na BM&FBovespa[f], entre outros.

6.6 Taxa de câmbio interbancária

A taxa de câmbio interbancária é utilizada no mercado secundário, chamado de *mercado interbancário*. Trata-se da taxa que os bancos praticam na compra e na venda de moeda estrangeira, operação em que, por padronização, se mantém a entrega das moedas negociadas no segundo dia útil após a contratação do câmbio, isto é, em D-2.

Por exemplo, se o banco A comprou US$ 1 milhão do banco B à taxa de câmbio de R$ 3,1500 na data de 16 de outubro de 2017 (data da contratação), isso significa – e está acordado entre os bancos negociadores – que o banco A receberia US$ 1 milhão do banco B e este receberia R$ 3,150 milhões do banco A no segundo dia útil após a negociação (D-2) – nesse caso, em 18 de outubro de 2017.

As operações de câmbio que ocorrem no mercado interbancário também têm como característica a negociação da moeda estrangeira em lotes de US$ 1 milhão. Outro fator importante, com relação à taxa interbancária, consiste na

---

[e] Segundo Luiz Alberto Climeni e Herbert Kimura (2008, p. 3), "Um derivativo pode ser definido como um contrato cujo valor depende ou deriva de um outro ativo, chamado ativo-objeto. Nos mercados financeiros, os derivativos básicos são os contratos a termo, os contratos futuros, os contratos de *swap* e os contratos de opções".

[f] Instituição "formada em 2008 a partir da integração da Bolsa de Valores de São Paulo (Bovespa) e da Bolsa de Mercadorias & Futuros [BM&F]" (Brasil, 2018b). Trata-se da "única bolsa de valores, mercadorias e futuros em operação no Brasil – é a principal instituição de intermediação para operações do mercado de capitais do País" (Brasil, 2018b).

negociação entre os bancos e seus clientes, porque a taxa de câmbio negociada no mercado primário (banco × cliente) tem como origem a taxa praticada no mercado interbancário (banco × banco). Assim, os bancos colocam um *spread* em relação à taxa interbancária quando negociam com seus clientes para alcançar a rentabilidade esperada. Dessa maneira, as instituições financeiras procuram comprar a moeda estrangeira (dólar) a uma taxa de câmbio menor e vendê-la a uma maior – ambas em relação à taxa interbancária –, como demonstra o Quadro 6.5. A diferença entre a taxa negociada entre banco e cliente e a taxa interbancária também é chamada de *spread*.

Quadro 6.5 – **Taxas de câmbio interbancárias**[g]

LUCRO ↓	Taxas de câmbio interbancárias		↑ LUCRO
	Taxa de compra	Taxa de venda	
	R$ 3,1550	R$ 3,1570	

Para demonstrar como os bancos trabalham nas operações de câmbio com seus clientes, vamos considerar as taxas interbancárias apresentadas no Quadro 6.5 e simular duas operações: uma de exportação e outra de importação.

a) **Operação de câmbio de exportação** – Valor da operação: US$ 100 mil; taxa de câmbio de fechamento entre banco e exportador: US$ 1,00 = R$ 3,1520; taxa interbancária de compra: US$ 1,00 = R$ 3,1550.

Nessa operação, o banco compra US$ 100 mil do exportador a uma taxa de câmbio de R$ 3,1520, quando, no mesmo instante, a taxa de câmbio interbancária de compra vale R$ 3,1550. Assim, o banco paga menos do que valia a taxa

---

g   Taxas meramente ilustrativas.

interbancária de compra e, nesse caso, a diferença representa a rentabilidade do banco.

> (3,1550 − 3,1520) × US$ 100 mil = R$ 300,00 (rentabilidade do banco, considerando-se somente essa operação de câmbio)

b) **Operação de câmbio de importação** – Valor da operação: US$ 500 mil; taxa de câmbio de fechamento entre banco e importador: US$ 1,00 = R$ 3,1580; taxa interbancária de venda: US$ 1,00 = R$ 3,1570.

Nessa operação, o banco vende US$ 500 mil ao importador à taxa de R$ 3,1580, quando, no mesmo instante, a taxa interbancária de venda vale R$ 3,1570. Assim, o banco vende a uma taxa maior do que a interbancária de venda e, também nesse caso, a diferença representa a rentabilidade do banco.

> (3,1580 − 3,1570) × US$ 500 mil = R$ 500,00 (rentabilidade do banco, considerando-se somente essa operação de câmbio.

Por fim, ressaltamos a importância de as empresas conhecerem como as instituições financeiras atuam no mercado de câmbio e, principalmente, acompanharem o preço da taxa de câmbio diariamente, para que possam negociar a compra ou a venda da moeda estrangeira com mais segurança.

Síntese

Neste capítulo, destacamos que, em decorrência das diversas classificações que o mercado de câmbio apresenta, existem, da mesma forma, inúmeras categorias de taxa de câmbio. Além disso, para cada tipo de categoria, há a divisão entre as taxas de compra e de venda. Nos casos em que a primeira é inferior à segunda, a diferença entre elas é conhecida como *spread*.

Vimos também que a taxa de câmbio manual é usada para compra e venda de moeda em espécie e tem como única finalidade o uso de dinheiro em viagem internacional. Ainda sobre essa taxa, seu valor se diferencia do da taxa comercial, visto que esta é aplicada nas operações comerciais e financeiras. Abordamos, ainda, o conceito de paridade de câmbio, que é a relação entre duas taxas que se obtém por meio do cruzamento delas.

Mais adiante, ressaltamos que há grandes movimentações de compra e de venda de moeda estrangeira no mercado interbancário e, por isso, o BCB, diariamente e em horário predefinido, divulga a média da taxa de câmbio praticada pelos bancos, denominada *Ptax*.

Por fim, discorremos sobre a taxa de câmbio interbancária, que, como o nome indica, é a taxa praticada entre os bancos. Ela tem grande importância para as empresas, porque é com base em seu valor que os bancos negociam a taxa de câmbio com seus clientes.

Perguntas & respostas

Considerando-se as taxas de câmbio informadas a seguir, qual é a paridade entre as moedas?

CAD (dólar canadense) 1,00 = BRL (real) 2,8273 e JPY (iene japonês) 1,00 = BRL 0,03423

Em primeiro lugar, devemos calcular quantos ienes (JPY) equivalem a um dólar canadense (CAD):

CAD 1,00 = JPY 2,8273/0,03423

CAD 1,00 = JPY 82,5911

Em seguida, calculamos quantos dólares canadenses (CAD) equivalem a um iene (JPY):

JPY 1,00 = CAD 0,03423/2,8273

JPY 1,00 = CAD 0,0121

Questões para revisão

1. Um banco autorizado a operar em câmbio pelo Banco Central do Brasil (BCB) fechou um contrato de exportação no valor de US$ 500 mil com uma empresa. O objetivo da instituição financeira é obter rentabilidade na operação com o cliente, procedimento normal e legal. Para que isso ocorra, a taxa de câmbio de fechamento tem de ser:
   a) igual à taxa de compra interbancária.
   b) menor do que a taxa de compra interbancária.
   c) maior do que a taxa de compra interbancária.
   d) igual à taxa de venda interbancária.
   e) maior do que a taxa de venda interbancária.

2. Outro banco autorizado a operar em câmbio pelo BCB fechou um contrato de importação no valor de US$ 100 mil com uma empresa. O objetivo desse banco é ter rentabilidade na operação com o cliente, procedimento normal e legal. Para que isso ocorra, a taxa de câmbio de fechamento tem de ser:
   a) igual à taxa de compra interbancária.
   b) menor do que a taxa de compra interbancária.

c) menor do que a taxa de venda interbancária.
d) igual à taxa de venda interbancária.
e) maior do que a taxa de venda interbancária.

3. As instituições financeiras, em suas operações de compra e venda de moeda estrangeira, aplicam um diferencial entre a taxa negociada com seu cliente e a taxa praticada no mercado interbancário. Assinale o termo utilizado no mercado para definir a rentabilidade ou o prejuízo em situações como essas:
   a) Tarifa bancária.
   b) Deságio.
   c) Juros internacionais.
   d) *Spread*.
   e) *Libor*.

4. Determinada empresa está cotando um câmbio de exportação no valor de US$ 100 mil com vários bancos. A organização sabe que, no momento em que negocia com as instituições financeiras, a taxa interbancária de compra está valendo R$ 3,7910 e a de venda, R$ 3,7935. A taxa interbancária é aquela utilizada entre os bancos e, se utilizada com clientes, não acarreta ganho nem prejuízo para a instituição financeira. Como foi solicitado pela empresa, os bancos lhe passaram as cotações, uma diferente da outra. Com qual banco a empresa deve fechar o câmbio, analisando apenas as taxas de câmbio informadas? Justifique sua resposta.

5. Certa empresa fechou um câmbio de importação no valor de US$ 100 mil com um banco. A taxa de fechamento foi de US$ 1,00 = R$ 3,8350, e a taxa interbancária valia, no momento, R$ 3,8320 para compra e R$ 3,8340 para venda. Qual foi o resultado obtido pelo banco nessa operação?

Questões para reflexão

1. Por que existe uma diferença entre o preço da taxa de câmbio turismo e o preço da taxa de câmbio comercial?
2. Como é formada a taxa de câmbio Ptax e como as empresas, principalmente as importadoras, podem se beneficiar ao conhecer sua utilização?

7

Contrato de câmbio

Conteúdos do capítulo:

> Conceito de contrato de câmbio.
> Classificação dos contratos de câmbio.
> Composição do contrato de câmbio.
> Fases do contrato de câmbio.
> Enquadramento das operações de câmbio.

Após o estudo deste capítulo, você será capaz de:

1. identificar a necessidade de contratar uma operação de câmbio;
2. distinguir as operações de câmbio de compra e de venda;
3. apontar as informações necessárias para formalizar um contrato de câmbio;
4. compreender as etapas da contratação de câmbio;
5. enquadrar a operação e o câmbio;
6. indicar as responsabilidades das partes na contratação de câmbio.

QUANDO UMA PESSOA FÍSICA OU JURÍDICA BRASILEIRA RECEBE moeda estrangeira de outros países ou paga seus compromissos no exterior, há a necessidade de realizar uma operação de câmbio, isto é, converter a moeda estrangeira em reais ou converter os reais em moeda estrangeira, conforme cada caso.

Podemos expandir a situação anterior para qualquer tipo de transferência de moeda estrangeira do exterior para o Brasil ou do Brasil para o exterior, pois sempre haverá a necessidade de fazer a conversibilidade da moeda por intermédio de uma operação de câmbio.

A exportação e a importação de mercadorias e serviços são exemplos bem claros da necessidade de contratação de uma operação de câmbio. Na exportação, o vendedor brasileiro recebe em moeda estrangeira e precisa transformá-la em reais; na importação, é o comprador quem precisa converter reais em moeda estrangeira para pagar seu compromisso no exterior. Dessa maneira, a conversão de moeda estrangeira em reais e vice-versa é pertinente para atender às exigências das legislações cambiais brasileiras, cuja formalização se dá por meio do contrato de câmbio. O Banco Central do Brasil (BCB) assim conceitua *contrato de câmbio*, na Circular n. 3.691, de 16 de dezembro de 2012:

> Art. 40. Contrato de câmbio é o instrumento específico firmado entre o vendedor e o comprador da moeda estrangeira, no qual são estabelecidas as características e as condições sob as quais se realiza a operação de câmbio. (Brasil, 2013g, p. 9)

Tendo em vista a necessidade de realizar as operações de câmbio, é interessante que os profissionais que atuam na área conheçam as particularidades da formalização do contrato.

7.1 Classificação dos contratos de câmbio

Os contratos de câmbio são classificados em compra e venda, sob a ótica do banco negociador da moeda estrangeira autorizado a operar no mercado pelo BCB. Isso significa que, nos

contratos de compra, o banco adquire a moeda estrangeira de seus clientes e, nos **contratos de venda**, o banco repassa a moeda estrangeira a eles.

Dessa maneira, um contrato de exportação é considerado um contrato de câmbio de compra, porque a instituição financeira obtém a moeda estrangeira do exportador. Também são exemplos de contrato de câmbio de compra as operações nas quais a pessoa física ou jurídica recebe moeda estrangeira decorrente de empréstimo, investimento externo, aluguel e doação, entre muitas outras possibilidades.

Por sua vez, um contrato de importação é classificado como contrato de venda, pois, nesse caso, o banco comercializa a moeda estrangeira para o importador. São exemplos de operações classificadas como contrato de venda os pagamentos, por parte de pessoa física ou jurídica, de juros e de comissões ou referentes à aquisição de imóveis no exterior ou, ainda, qualquer outro ressarcimento que deva ser honrado no exterior.

Então, sempre que uma pessoa física ou jurídica precisar vender moeda estrangeira recebida em decorrência de qualquer tipo de operação, o contrato de câmbio será classificado como de compra, porque o banco terá de adquirir a moeda estrangeira. Da mesma maneira, quando uma pessoa física ou jurídica precisar comprar moeda estrangeira para pagar seus compromissos no exterior, o contrato de câmbio será classificado como de venda, pois o banco terá de vender a moeda estrangeira.

7.2 Composição dos contratos de câmbio

Os contratos de câmbio são similares aos demais contratos existentes no mercado, apresentando, por meio de cláusulas, os direitos e as obrigações das partes envolvidas. Nesses contratos, há itens obrigatórios, predefinidos pelo BCB, e eventuais, que são acordados entre a instituição financeira e o cliente.

Um exemplo de cláusula obrigatória é a identificação do comprador e do vendedor da moeda estrangeira. Já uma eventual pode ser a definição de que o exportador (vendedor da moeda estrangeira) será o responsável por pagar a diferença da taxa de câmbio caso haja o cancelamento do contrato.

Ao fim deste livro, na seção "Anexo", apresentamos o modelo de contrato de câmbio disponibilizado pelo BCB, no Anexo I da Circular n. 3.691/2013. Contudo, as instituições autorizadas podem adequar o formato (*layout*) do contrato de acordo com seus critérios, desde que permaneçam as informações solicitadas pelo BCB.

7.2.1 Informações necessárias aos contratos de câmbio

Um contrato de câmbio resulta do registro de várias informações no Sistema de Informações do Banco Central (Sisbacen), entre as quais destacamos:

> **Identificação das partes** – É a descrição do comprador e do vendedor; além de seus nomes, devem constar o endereço e o número de inscrição no Cadastro Nacional de Pessoa Jurídica (CNPJ) de cada um.

- **Valor do contrato** – Especifica o valor negociado da moeda estrangeira.
- **Código da moeda estrangeira** – Identifica a unidade monetária negociada, por meio de um código; por exemplo, o dólar norte-americano (USD) corresponde ao código 220 e o euro (EUR), ao código 978.
- **Taxa de câmbio** – Estabelece o valor da moeda nacional (no Brasil, o real) para uma unidade de moeda estrangeira.
- **Natureza da operação** – Expõe a categoria da operação de câmbio.
- **Data de contratação** – Exibe a data em que as partes negociam (fecham) o contrato de câmbio.
- **Data de liquidação** – Exibe a data em que o vendedor deve entregar a moeda estrangeira ao comprador.

Há outras informações no contrato de câmbio, além das descritas, que devem ser de conhecimento das partes, principalmente dos clientes, sejam pessoas físicas, sejam jurídicas, que compram ou vendem moeda estrangeira. Para isso, é sempre recomendável fazer uma leitura atenta do teor do documento antes de assiná-lo.

7.2.2 Campos inalteráveis dos contratos de câmbio

Entre os vários itens que constam em um contrato de câmbio, há alguns que não podem ser alterados após sua liquidação, entre os quais destacamos:

- nome do vendedor;
- nome do comprador;
- código e nome da moeda estrangeira;

- valor da moeda estrangeira;
- taxa de câmbio negociada para a conversão em moeda nacional;
- valor em moeda nacional.

Os demais campos podem ser alterados em comum acordo entre as partes, como: data de entrega da moeda estrangeira, taxa de deságio praticada no financiamento à exportação e enquadramento da operação.

7.3 Fases da contratação de câmbio

Para negociar a compra ou a venda de moeda estrangeira, é necessário observar alguns passos iniciais: conhecer o mercado de câmbio, determinar a data para crédito ou débito do valor em reais na conta da empresa e estabelecer a data da entrega da moeda estrangeira por parte do vendedor.

Deve-se, ainda, atribuir o preço da taxa de câmbio, enquadrar a operação e detalhar os demais itens envolvidos na negociação. Todos esses procedimentos devem ser realizados em uma das fases que apresentaremos a seguir.

7.3.1 Contratação

As partes envolvidas – comprador e vendedor – negociam a operação de câmbio de modo a contemplar no contrato as seguintes informações, entre outras: tipo de contrato (compra ou venda), data de entrega da moeda estrangeira, taxa de câmbio, deságio (se for o caso), data do débito ou do crédito do valor em reais na conta corrente do cliente, documentos envolvidos na transação. A negociação ocorre mediante um contato por telefone entre o cliente e a mesa de câmbio[a] de um banco.

Algumas instituições financeiras disponibilizam para seus clientes o fechamento de câmbio pela internet. Nesse caso, não há a negociação da taxa de câmbio. Para tanto, o cliente deve informar os dados da operação de importação ou de exportação no portal do banco para, em seguida, o sistema fornecer a taxa. Caso ambas as partes aceitem a taxa, elas fecham o contrato.

Outra novidade nas operações de câmbio é a assinatura digital das partes no contrato, que, então, fica arquivado eletronicamente, acabando com o fluxo de papel. Nessa fase, é de grande importância que o responsável pela empresa que está negociando com o banco conheça os procedimentos cambiais e acompanhe o mercado de câmbio, pois o que está sendo principalmente negociado é o valor da moeda nacional em relação à moeda estrangeira.

7.3.2 Registro ou edição

Na fase de registro ou edição, o banco registra as informações negociadas entre o comprador e o vendedor da moeda estrangeira no Sisbacen. Antes da liquidação do contrato de câmbio, pode haver inclusão, exclusão, alteração ou anulação dos dados registrados.

---

[a] Setor de um banco no qual são realizados os fechamentos de câmbio. Os profissionais que atuam nessa área, em geral, são mais experientes que os demais, condição necessária para realizar negociações de câmbio com segurança.

Em geral, todas as operações são registradas no Sisbacen, pois esse é um procedimento necessário e obrigatório para as instituições autorizadas. Esse registro origina o contrato de câmbio, documento oficial que representa a operação de compra e venda de moeda estrangeira, que deverá ser assinando manualmente ou digitalmente pelas partes.

7.3.3 Efetivação

Após a análise das informações negociadas na contratação e das registradas no Sisbacen, considerando-se que todas estejam corretas, acontece a confirmação da operação de câmbio, que, então, passa a fazer parte da posição de câmbio do banco.

7.3.4 Liquidação

A fase de liquidação é o momento em que as partes – comprador e vendedor – entregam as moedas negociadas, a estrangeira e a nacional, uma para a outra. Após a conclusão dessa etapa, qualquer modificação no contrato de câmbio depende de autorização do BCB e é sujeita a penalidades.

Como vimos anteriormente, há dois tipos de liquidação: pronta e futura. A primeira ocorre quando o vendedor entrega a moeda estrangeira ao comprador em um prazo de até dois dias úteis. A segunda, por sua vez, acontece quando a entrega da moeda estrangeira se dá em prazo superior a dois dias úteis da data da contratação do câmbio. O adiantamento sobre contrato de câmbio (ACC), por exemplo, é uma operação para liquidação futura, porque o exportador (vendedor) só entregará a moeda estrangeira ao banco (comprador) em um prazo superior a dois dias úteis da data da contratação.

7.4 Enquadramento dos contratos de câmbio

Nos contratos de câmbio, há muitas informações que identificam a operação, como o tipo de contrato (de compra ou de venda), o valor da moeda estrangeira e da moeda nacional, a taxa de câmbio, o código da moeda estrangeira negociada, as datas de entrega das moedas e a classificação (enquadramento) da operação realizada.

A classificação ou o enquadramento tem a função de identificar a finalidade da transferência da moeda estrangeira do Brasil para o exterior ou do exterior para o Brasil, cabendo à instituição financeira fazer essa identificação com base na negociação com o cliente e nos documentos apresentados para comprovar a transação.

Toda operação de câmbio tem sua classificação enquadrada segundo uma natureza, a qual é utilizada pelo BCB para identificar o motivo da movimentação da moeda estrangeira. Assim, a natureza da transferência ou do contrato é registrada em um campo do próprio contrato, de modo a permitir que os bancos verifiquem quais são as exigências solicitadas aos clientes para contratar o câmbio.

A natureza do contrato é atribuída pelo banco negociador da moeda estrangeira no momento da contratação, porém a outra parte, seja pessoa física, seja pessoa jurídica, tem de informar e comprovar documentalmente a que se refere a operação. A Circular n. 3.690, de 16 de dezembro de

2013 (Brasil, 2013f), define como as operações de câmbio devem ser classificadas. A classificação incorreta das transações pelas instituições autorizadas a operar no mercado de câmbio resulta em penalidades previstas na legislação e em outras sanções administrativas por parte do BCB.

7.4.1 Desdobramentos do enquadramento dos contratos de câmbio

A seguir, apresentamos algumas das classificações disponíveis nos anexos da Circular n. 3.690/2013, conforme os Quadros 7.1 a 7.5.

No art. 4º desse documento, o BCB determina que a natureza da operação é integrada por doze caracteres.

> Art. 4º A natureza da operação é integrada por doze elementos, como segue, constantes dos anexos a esta Circular a seguir indicados:
> I – código da natureza do fato que origina a operação de câmbio: composto pelos cinco algarismos iniciais [...] [Quadro 7.1];
> II – natureza do cliente comprador ou vendedor da moeda estrangeira, no País: composta pelos dois algarismos seguintes [...] [Quadro 7.2];
> III – indicação relativa à existência ou não de aval do Governo brasileiro, concedido diretamente pela União ou por conta desta [...] [Quadro 7.3];
> IV – natureza do pagador/recebedor no exterior: representada pelo nono e décimo algarismos: [...] [Quadro 7.4]; e
> V – identificação do grupo ao qual pertence a operação: representada pelos dois últimos algarismos [...] [Quadro 7.5].
> (Brasil, 2013f, p. 1)

Quadro 7.1 – **Códigos de classificação de operações relativos a comércio exterior**

NATUREZA DA OPERAÇÃO	N° CÓDIGO
Exportação de mercadorias	12005
Importação de mercadorias	12012
Operações de *back to back*	12029
Encomendas internacionais	12036
Ajustes em transações comerciais	12043

Fonte: Brasil, 2013f, p. 3.

Quadro 7.2 – **Códigos de classificação de operações relativos a clientes**

CLIENTE	N° CÓDIGO
Pessoas físicas	
Domiciliadas no País	00
Domiciliadas no exterior	02
Empresas não financeiras	
Públicas	08
Privadas	09

Fonte: Brasil, 2013f, p. 26.

Quadro 7.3 – **Códigos de classificação de operações relativos ao aval do governo brasileiro**

INDICADOR DE AVAL	CÓDIGO
Com aval do Governo brasileiro	S
Sem aval do Governo brasileiro	N

Fonte: Brasil, 2013f, p. 27.

Quadro 7.4 – **Códigos de classificação de operações relativos a pagadores/recebedores no exterior**

PAGADOR/RECEBEDOR NO EXTERIOR	N° CÓDIGO
Pessoas físicas	
Domiciliadas no País	00
Domiciliadas no exterior	02
Empresas não financeiras	05
Empresas financeiras	
Bancos e outros intermediários financeiros	53
Fundos de investimento	56

Fonte: Brasil, 2013f, p. 28.

Quadro 7.5 – **Códigos de grupos**

GRUPO	N° CÓDIGO
Drawback	30
Exportação em consignação	40
Utilização de seguro de crédito à exportação	42
Conversões e transferências entre modalidades de capitais estrangeiros	46
Recebimento/pagamento antecipado – exportação/importação – importador	50
Recebimento/pagamento antecipado – exportação/importação – terceiros	51
Outros	90

Fonte: Brasil, 2013f, p. 29.

Como exemplo, o enquadramento para uma operação de câmbio antecipado de exportação, efetuada por pessoa jurídica nacional para uma pessoa jurídica no exterior, sem aval do governo, seria o código 12005.09.N.05.50, que deveria ser registrado em campo próprio do contrato de câmbio.

7.5 Comprovação documental das operações de câmbio

De acordo com a classificação cambial, as instituições autorizadas a operar com câmbio podem solicitar a documentação comprobatória para cada transação que realizam. A responsabilidade pela veracidade da operação de câmbio é da instituição financeira e, portanto, cabe a ela verificar quais documentos deve solicitar ou dispensar para a contratação.

No caso da negociação de moeda estrangeira relacionada a uma venda de mercadoria para o exterior, por exemplo, a operação será enquadrada como *exportação*, e o exportador deverá apresentar os documentos representativos dessa atividade, caso sejam solicitados pela instituição financeira. Contudo, se a operação for relacionada ao pagamento de juros sobre empréstimo realizado no exterior, ela será enquadrada como *juros*, e a empresa terá de apresentar o documento que originou o empréstimo no qual constem as condições negociadas – caso queira, a instituição financeira poderá dispensar a apresentação dos documentos.

O contrato de câmbio, assinado tanto manualmente quanto eletronicamente, deverá ficar arquivado pelas partes envolvidas por um prazo de cinco anos a partir do primeiro dia do ano seguinte à data da contratação, assim como os documentos comprobatórios a ele vinculados.

Síntese

Conforme apresentamos neste capítulo, a formalização das operações de câmbio é realizada por meio do contrato de câmbio entre as instituições autorizadas. No mercado cambial, há dois tipos de contratos, cuja identificação é atribuída de acordo com a ótica do banco: o de compra e o de venda.

Sobre os contratos, vimos que as informações que neles constam são importantes porque são definidas na negociação entre as partes, destacando-se, entre outras: valores negociados, datas de entrega das moedas, enquadramento da transação. Após o fechamento do contrato, algumas dessas informações não podem ser alteradas.

Mais adiante, dissecamos as quatro fases da contratação de câmbio: negociação, edição, efetivação e liquidação – cada uma com suas especificidades. Também mostramos que é obrigatório o enquadramento das operações de câmbio, identificando-se corretamente a finalidade da transferência do valor, o pagador ou o recebedor da moeda nacional e da moeda estrangeira e a forma como esta última será entregue.

Por fim, ressaltamos as responsabilidade por parte das instituições autorizadas pelo BCB com relação à comprovação documental de cada operação de câmbio.

Perguntas & respostas

Qual é o objetivo do Banco Central do Brasil (BCB) ao aplicar enquadramentos diferenciados para as operações de câmbio?

> O BCB, como instituição responsável pela condução do mercado cambial brasileiro, ao dar enquadramento diferente para as operações de câmbio, tem como objetivo conhecer as finalidades das transferências de valores em moedas estrangeiras do Brasil para o exterior ou do exterior para o Brasil. Assim, o BCB pode saber quais são os volumes de moeda estrangeira negociada relativos a transações de exportação, investimentos, serviços etc.

Questões para revisão

1. O contrato de câmbio é um instrumento específico firmado entre o vendedor e o comprador de moeda estrangeira. Quais são as principais informações que esse documento deve conter?
2. Assinale a alternativa que apresenta as características relacionadas a uma operação de câmbio de importação:
    a) Taxa de compra, contrato de venda, Declaração de Importação.
    b) Taxa de compra, contrato de compra, Registro de Exportação.
    c) Taxa de venda, contrato de venda, Registro de Exportação.

d) Taxa de venda, contrato de venda, Declaração de Importação.
e) Taxa de compra, contrato de compra, Declaração de Importação.

3. Assinale a alternativa que que apresenta as características relacionadas a uma operação de câmbio de exportação:
   a) Taxa de compra, contrato de venda, Declaração de Importação.
   b) Taxa de compra, contrato de compra, registro de exportação.
   c) Taxa de venda, contrato de venda, registro de exportação.
   d) Taxa de venda, contrato de venda, Declaração de Importação.
   e) Taxa de compra, contrato de compra, Declaração de Importação.

4. Sobre as operações de câmbio de compra, analise as proposições a seguir.
   I. Transferência de recursos do exterior para o Brasil referente ao pagamento de exportação.
   II. Envio de moeda estrangeira do exterior para o Brasil relacionado à compra de um imóvel.
   III. Transferência de recursos do Brasil para o exterior por parte de um investidor.
   IV. Transferência do exterior para empresas no Brasil referente à contratação de empréstimo no exterior
   V. Transferência de recursos para o exterior referente a juros sobre financiamento à importação.

Agora, assinale a alternativa que indica as proposições corretas:

a) I, III e IV.
b) I, III e V.
c) I, II e IV.
d) II, III e IV.
e) III, IV e V.

5. Entre as informações que constam no contrato de câmbio, cite aquelas que não podem ser alteradas.

Questões para reflexão

1. O que o responsável por contratar as operações câmbio de uma empresa deve conhecer?
2. Explique, resumidamente, as fases da contratação de câmbio.

8

Sistemas de pagamentos internacionais

Conteúdos do capítulo:

> Modalidades de transferência.
> Características do sistema Swift.
> Código Iban.

Após o estudo deste capítulo, você será capaz de:

1. identificar as diversas possibilidades de transferir um valor de um país para outro;
2. apontar os riscos que envolvem receber um cheque em moeda estrangeira;
3. reconhecer que os Correios utilizam o vale postal para pagamentos no exterior;
4. compreender a importância da utilização do sistema Swift;
5. descrever a composição do sistema Swift e do código Iban.

O MERCADO FINANCEIRO MUNDIAL EVOLUI DE FORMA RÁPIDA e digital, o que faz com que seus participantes, principalmente as instituições financeiras – que são consideradas os principais agentes (*players*) desse ramo e que movimentam recursos de um país para outro –, acompanhem esse dinamismo e ofereçam segurança para os clientes que utilizam seus serviços de câmbio.

Entretanto, apesar de todo o avanço nos processos tecnológicos relacionados ao mercado financeiro, ainda há transferências realizadas por meio da emissão de cheques. Em casos como esse, como o exportador poderá receber o valor referente à exportação que realizou ou que ainda vai realizar?

Ou, então como determinada pessoa poderá enviar um valor para um de seus familiares no exterior?

De maneira simples, apresentaremos algumas modalidades de transferências internacionais que se aplicam às questões anteriores e abrem novas possibilidades de operações de câmbio, considerando-se sempre o Brasil como um dos países envolvidos nas transações.

8.1 Pagamento em espécie

É permitido realizar o pagamento ou o recebimento em espécie (em dinheiro vivo) em moeda estrangeira, desde que o contravalor em moeda nacional não seja superior a R$ 10 mil, limite determinado na Circular n. 3.691, de 16 de dezembro de 2013 (Brasil, 2013g).

O procedimento para realizar o pagamento ou o recebimento em espécie é utilizado em situações bem específicas, como no caso de operações comerciais de exportação efetuadas em regiões de fronteiras e operações com valores menores do que US$ 1 mil. O pagamento em espécie representa um certo risco para quem vai pagar ou receber o dinheiro, pois há possibilidade de acontecerem perdas ou roubos.

8.2 Pagamento em cheque

O cheque tem um conceito universal. Segundo a definição de Armando Mellagi Filho e Sérgio Ishikawa (2003, p. 190), "Cheques são ordens de pagamento que permitem a seu titular, caso sejam aceitos, realizar depósitos em sua conta corrente no banco e realizar pagamentos".

No caso de um pagamento internacional, o cheque deve ser emitido em moeda estrangeira e conter as mesmas características de um cheque emitido no Brasil. Por isso, devem constar as seguintes informações: valor em moeda estrangeira, data da emissão e assinatura do emissor. Além disso, o cheque pode ser à ordem ou nominativo.

Os bancos podem rejeitar o recebimento ou o depósito de um cheque, se não houver saldo suficiente na conta do emissor, se a assinatura não corresponder à do titular da conta ou se o preenchimento estiver errado. Vale lembrar que, no Brasil, não é permitida a emissão de cheque em moeda estrangeira. Por isso, quando uma empresa brasileira recebe o valor de uma exportação por meio de um cheque em moeda estrangeira, ela deve colocá-lo em cobrança em seu banco de relacionamento no Brasil, aguardar a compensação do cheque no banco do exterior e, somente depois disso, realizar a operação de câmbio para receber o valor equivalente em reais.

O recebimento de moeda estrangeira em cheque não é uma prática usual das empresas brasileiras, até porque o processo entre seu recebimento e a conversão da moeda estrangeira em reais demora alguns dias, além de haver riscos envolvidos, como a possibilidade de não existir saldo na conta do emissor para compensar o valor do cheque.

8.3 Vale postal

O vale postal em moeda estrangeira é emitido pela agência postal de um país – equivalente à Empresa Brasileira de Correios e Telégrafos (ECT) – e é utilizado em pagamentos realizados no estrangeiro. No caso brasileiro, o Banco Central do Brasil (BCB), por meio da Circular n. 3.691/2013, no art. 23, determina as condições de utilização do vale postal:

> Art. 23. A Empresa Brasileira de Correios e Telégrafos (ECT) está autorizada à prática das modalidades de vale postal internacional e de reembolso postal internacional, podendo conduzir sob o mecanismo de vale postal internacional operações com clientes, para liquidação pronta, não sujeitas ou vinculadas a registro no Banco Central do Brasil e de até US$ 50.000,00 (cinquenta mil dólares dos Estados Unidos) ou o seu equivalente em outras moedas. (Brasil, 2013g, p. 5)

As transações cursadas mediante vale postal devem ter o mesmo tratamento das demais operações de câmbio quanto aos aspectos da legalidade, da fundamentação econômica e dos documentos necessários para comprovar a operação. Bruno Ratti (2000, p. 81) considera simples o mecanismo de utilização do vale postal:

> o interessado comparece a uma agência de correios e adquire um Vale Postal expresso em moeda estrangeira e em nome do favorecido no exterior. A seguir, o interessado remete esse documento ao beneficiário. Este, de posse do Vale, comparece a uma agência postal de seu país e recebe o valor correspondente.

No Brasil, a prática da utilização de vale postal em moeda estrangeira não é expressiva, se for comparada à dos países europeus.

8.4 Cartão de crédito

Outra modalidade de pagamento ou de transferência internacional que tende a ganhar maior dimensão nas transações internacionais é o cartão de crédito.

O art. 127 da Circular n. 3.691/2013, estabelece:

> Art. 127. É permitida a utilização de cartão de uso internacional, no Brasil ou no exterior, para saque e para aquisição de bens e serviços, bem como para pagamento/recebimento ao/do exterior para aquisição de bens e serviços por meio de empresa facilitadora de pagamentos internacionais. (Brasil, 2013g, p. 30)

No caso de operações de exportação e de importação de mercadorias e serviços, há um procedimento diferenciado para a utilização do cartão de crédito, o qual veremos no Capítulo 9.

8.5 Sistema Swift

As transferências de recursos do exterior para o Brasil e do Brasil para o exterior realizadas por meio de ordens de pagamento emitidos conforme o sistema da Society for Worldwide Interbank Financial Telecommunication – Swift (Sociedade de Telecomunicações Financeiras Interbancárias Mundiais, em português), são as mais utilizadas mundialmente.

A Swift iniciou suas atividades em 1973, fundada por bancos norte-americanos, canadenses e europeus. Atualmente, conta com quase nove mil bancos associados em mais de 200 países, que realizam inúmeras transferências internacionais. O Brasil está associado à Swift desde 1982; entretanto, passou a a utilizar o sistema somente em 1984. Nessa época, o país estava em uma fase de transição do governo militar para o regime democrático, momento delicado para a economia nacional e também para a de diversos outros países latino-americanos, que haviam acumulado enormes dívidas em razão de fatores econômicos internos e externos.

As operações realizadas por intermédio do sistema Swift são ágeis, seguras e confiáveis e apresentam custos reduzidos para os usuários. Além das transferências financeiras, o sistema é utilizado para troca de mensagens relacionadas a outras operações bancárias com os clientes, como carta de crédito, emissão de garantias, empréstimos e confirmações de créditos.

Outra vantagem que fez com que o sistema Swift se solidificasse no mercado financeiro internacional foi a padronização de procedimentos. As mensagens são comuns a cada tipo de situação. Nos casos de um banco europeu que deseje repassar determinado valor referente ao pagamento de uma importação para uma entidade financeira brasileira ou de um banco canadense que pretenda fazer uma transferência semelhante para uma instituição japonesa, é utilizado o mesmo tipo de mensagem.

Além disso, a identificação de cada banco nesse sistema, também conhecido como *código Swift*, é composta por uma estrutura alfanumérica. A última edição da regra que estabelece a identificação dos bancos é a norma ISO 9362:2014 (ISO, 2014), da Organização Internacional de Normalização (International Organization for Standardization – ISO) e apresenta a seguinte composição:

> **1° ao 4° dígitos** = código do banco
> **5° e 6° dígitos** = código do país
> **7° e 8° dígitos** = código de localização
> **9°, 10° e 11° dígitos** = código do ramo (opcional)

Exemplo de código Swift

BRASBRRJCTA

Esse é o código do Banco do Brasil, cuja central fica no Rio de Janeiro, que identifica especificamente a agência da praça de Curitiba:

> **BRAS** – Identifica o Banco do Brasil.
> **BR** – Identifica o país (Brasil).
> **RJ** – Identifica a cidade do Rio de Janeiro, onde fica a central do Banco do Brasil.
> **CTA** – Identifica a agência do Banco do Brasil em Curitiba.

Quanto à segurança do sistema Swift, Douglas Hartung (2002, p. 91) esclarece que

> A segurança do sistema está no fato de que um mesmo usuário somente tem acesso a uma das seguintes opções: digitação ou liberação. Nenhum funcionário pode ter

acesso as duas opções. O sistema *Swift* não permite, não admite o cadastramento de funcionários nas duas opções, reduzindo a possibilidade de fraudes.

O BCB apresenta, no art. 11 da Circular n. 3.691/2013, algumas orientações com relação aos pagamentos ao exterior e aos recebimentos do exterior:

> Art. 11. Os pagamentos ao e os recebimentos do exterior devem ser efetuados por meio de transferência bancária ou, excepcionalmente, por outra forma prevista na legislação e nesta Circular.
>
> §1º Nas remessas de recursos ao exterior, a respectiva **mensagem eletrônica** deve conter, obrigatoriamente, o nome, número do documento de identificação, endereço e número da conta bancária ou do número de inscrição no Cadastro de Pessoas Físicas (CPF) ou no Cadastro Nacional da Pessoa Jurídica (CNPJ) do remetente da ordem, quando a forma de entrega da moeda pelo remetente não for débito em conta.
>
> §2º Os ingressos de recursos por meio de mensagens eletrônicas que não contenham o nome, o endereço, o documento de identificação e a conta bancária do remetente no exterior devem ser objeto de maior cuidado por parte das instituições financeiras. (Brasil, 2013g, p. 3, grifo nosso)

A mensagem eletrônica a que o BCB se refere no art. 11 é a mensagem do sistema Swift.

8.5.1 Código Iban

O código Iban – acrônimo de International Bank Account Number – é um código alfanumérico que identifica contas para as transferências internacionais. O objetivo de usar o código Iban é facilitar a distinção do beneficiário da ordem de pagamento.

O código Iban está pautado pela norma ISO 13616-1:2007 (ISO, 2007a) e registrado na Swift. É empregado por grande parte dos bancos do mundo. O BCB regulamentou o uso do código Iban na Circular n. 3.625, de 14 de fevereiro de 2013 (Brasil, 2013b), e, desde julho daquele ano, os bancos brasileiros concordaram em adotar o novo procedimento: informar o código Iban em um campo específico da mensagem Swift.

> Art. 2º O formato IBAN, composto por 29 caracteres, segue o seguinte critério de formação:
>
> I – dois caracteres alfanuméricos correspondentes ao código do País, conforme a norma ISO 3.166-1;
>
> II – dois dígitos verificadores (mod 97), conforme a norma ISO 7.064;
>
> III – oito caracteres numéricos correspondentes ao identificador da instituição financeira (ISPB[a]), conforme a lista de participantes do Sistema de Transferência de Reservas (STR) divulgada no sítio do Banco Central do Brasil (BCB);
>
> IV – cinco caracteres numéricos correspondentes à identificação da agência bancária (sem dígito verificador);
>
> V – dez caracteres numéricos correspondentes ao número de conta do cliente (com dígito verificador);
>
> VI – um caractere alfanumérico correspondente ao tipo de conta, conforme dicionário de tipos do Catálogo de Mensagens e de Arquivos do SFN[b] (2º caractere); e

---

a   Identificador de Sistema de Pagamento Brasileiro (ISPB).
b   Sistema Financeiro Nacional (SFN).

VII – um caractere alfanumérico correspondente à identificação do titular da conta, de acordo com a ordem na listagem de titulares. [...] (Brasil, 2013b, p. 1)

A correta utilização do sistema Swift e do código Iban facilita os procedimentos realizados e oferece maior credibilidade às transferências internacionais.

Síntese

As transferências internacionais de valores tornam-se cada vez mais presentes no dia a dia das empresas brasileiras, seja para receber, seja para pagar importâncias relacionadas ao comércio de produtos e serviços.

Ao longo deste capítulo, analisamos as modalidades de transferências que podem ser utilizadas para esse propósito – algumas com limitação de valor pelo BCB, outras com menores ou maiores riscos para os usuários.

Conforme ressaltamos, existe um procedimento de transferência de pagamentos internacionais que é o mais utilizado mundialmente, o sistema Swift, em razão de sua abrangência, que alcança mais de 200 países. Esse sistema apresenta segurança, agilidade, padronização e custo reduzido para os usuários.

Por fim, examinamos a funcionalidade do código Iban, cuja principal finalidade é facilitar a identificação do beneficiário da ordem de pagamento.

Perguntas & respostas

Qual é a diferença de funcionalidade entre o código Swift e o código Iban?

> O código Swift tem a finalidade de identificar a instituição bancária, enquanto o código Iban tem como objetivo indicar o domicílio bancário do beneficiário.

Questões para revisão

1. O cheque é um documento que se equipara a uma ordem de pagamento à vista e pode ser utilizado em negociações tanto nacionais quanto internacionais. Quais são as principais características da utilização do cheque em moeda estrangeira?

2. Prática pouca utilizada no Brasil que permite aos Correios realizar transferências de valores. Deve receber o mesmo tratamento que as demais operações de câmbio quanto aos aspectos da legalidade, da fundamentação econômica e dos documentos necessários para comprovar a operação. Essa descrição se aplica à transação cujo pagamento é realizado pelo seguinte meio:

    a) *Travel check*.
    b) Cartão de crédito.
    c) Vale postal.
    d) Cheque.
    e) Em espécie.

3. As operações de transferências de valores internacionais mais utilizadas e seguras são realizadas por intermédio de qual sistema?

a) CCI, da Câmara de Comércio Internacional.
b) Swift, da Sociedade de Telecomunicações Financeiras Interbancárias Mundiais.
c) Bacen, do Banco Central do Brasil.
d) Sisbacen, do Banco Central do Brasil.
e) BID, do Banco Interamericano de Desenvolvimento.

4. O mercado financeiro internacional utiliza as mensagens *Swift* para fazer as transferências de valores entre os países. A grande utilização dessa ferramenta se deve às características presentes nas operações realizadas por intermédio do sistema Swift. Quais são as principais características desse sistema?

5. Assinale a alternativa que apresenta o procedimento que facilita a identificação do beneficiário da ordem de pagamento nas transferências internacionais:
a) Swift.
b) Incoterms.
c) CCR.
d) Sisbacen.
e) Iban.

Questões para reflexão

1. O que deve ser observado, seja pelo exportador, seja pelo importador, quanto à escolha da maneira como será realizada a transferência de valores envolvidos em uma negociação internacional?
2. Por que o sistema Swift ganhou a confiabilidade do mercado financeiro mundial?

9

Procedimentos cambiais na exportação, na importação e financeiro

Conteúdos do capítulo:

› Câmbio para as operações de exportação.
› Câmbio para as operações de importação.
› Tipos de comissão de agente na exportação e na importação.
› Câmbio nas operações financeiras.
› Tributação nas operações de câmbio.

Após o estudo deste capítulo, você será capaz de:

1. identificar as operações sem cobertura cambial;
2. descrever os procedimentos cambiais nas exportações e nas importações;
3. diferenciar os tipos de comissão de agente nas exportações e nas importações;
4. compreender a composição dos valores dos documentos de exportação quando há comissão de agente;
5. discriminar os procedimentos cambiais financeiros.

As pessoas físicas e jurídicas que exportam ou importam mercadorias ou serviços ou fazem transferências de valores do exterior para o Brasil ou do Brasil para o exterior, enquadradas em qualquer natureza, devem obrigatoriamente conhecer as legislações vigentes que amparam o mercado de câmbio brasileiro. Esse conhecimento é importante para que os participantes desse mercado saibam quais são seus direitos e suas obrigações, a fim de evitar as penalidades previstas em lei.

Tendo em vista esse contexto, o que vamos apresentar neste capítulo está fundamentado na Circular n. 3.691, de 16 de dezembro de 2013 (Brasil, 2013g). Vale ressaltar que, constantemente, o Banco Central do Brasil (BCB) atualiza suas diretrizes, seja incluindo, seja excluindo, seja alterando o teor dos textos de suas circulares.

9.1 Aspectos cambiais da exportação

Toda empresa brasileira que vende mercadoria ou serviços para o exterior está sujeita a cumprir a legislação cambial vigente no país, assim como as instituições autorizadas a operar no mercado de câmbio pelo BCB. A seguir, vamos detalhar alguns procedimentos práticos e legais realizados pelos bancos e pelos exportadores na condução de uma operação de câmbio de exportação.

9.1.1 Exportação sem cobertura cambial

A exportação sem cobertura cambial ocorre quando um agente brasileiro (pessoa física ou jurídica) exporta mercadorias ou serviços ao exterior sem a contrapartida da obrigatoriedade de pagamento por parte do importador estrangeiro. Esse é o caso de episódios como: produtos que vão para conserto no exterior e, posteriormente, retornam ao país; exportação em consignação; produtos enviados como amostras ou para participação em feiras e exposições no exterior, entre outros. Se não há o pagamento, não há o câmbio.

9.1.2 Exportação com cobertura cambial

No caso da exportação com cobertura cambial, há a contrapartida do pagamento do importador estrangeiro, e as regras a serem seguidas constam na Circular n. 3.691/2013. Na sequência, destacamos alguns aspectos importantes previstos nesse documento legal (Brasil, 2013g):

> O BCB permite que os exportadores brasileiros de mercadorias ou serviços possam manter no exterior, em conta própria, até 100% do valor da exportação.
> Os pagamentos das exportações brasileiras podem ser realizados em moeda nacional ou em moeda estrangeira.
> Os pagamentos das exportações podem ser realizados em moeda diferente da moeda que consta nos documentos representativos da exportação.
> A contratação de câmbio referente à exportação pode ser realizada antes ou depois do embarque da mercadoria ou da efetivação da prestação de serviço.
> Os contratos de câmbio de exportação podem ser negociados para liquidação pronta ou futura. As possibilidades que o exportador tem para receber o valor resultante da exportação estão especificadas no art. 93 da Circular n. 3.691/2013. As formas mais utilizadas são crédito em conta mantida no exterior pelo próprio exportador e o crédito em conta no exterior de banco autorizado a operar com câmbio naquele país. Há, ainda, outras modalidades, como transferências do exterior para o Brasil em reais, cartão de crédito emitido no exterior e vale postal internacional. O exportador também pode receber o valor da

exportação em espécie. Quando o valor em moeda estrangeira é igual ou superior a R$ 10 mil, é necessário que o exportador apresente a Declaração de Porte de Valor (DPV), emitida pela Secretaria da Receita Federal à instituição negociadora do câmbio. Quanto ao prazo das operações de exportação, são permitidos 750 dias entre a data de contratação e a data de liquidação do contrato. Para a contratação prévia do câmbio, isto é, antes do embarque da mercadoria ou da efetivação da prestação de serviço, é estabelecido o prazo máximo de 360 dias e, para as exportações a prazo, a liquidação do contrato deve ser realizada até o último dia útil do 12º mês subsequente ao embarque da mercadoria ou da efetivação da prestação de serviço.

Figura 9.1 – Diagrama da contratação de câmbio na exportação

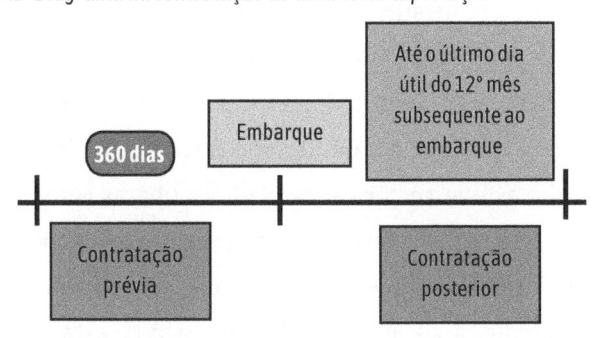

Outra característica que podemos ressaltar com relação às operações de câmbio de exportação é que o banco autorizado pelo BCB compra a moeda estrangeira do exportador; portanto, o contrato será de compra, determinado pela ótica do banco. Dessa forma, a taxa de câmbio é a de compra, e a comercial, livremente negociada entre as partes.

9.1.3 Procedimentos na contratação de câmbio de exportação

As instituições autorizadas a operar com câmbio, principalmente os bancos e as corretoras, quando compram a moeda estrangeira do exportador, devem se preocupar com a legalidade da operação cambial. Para isso, podem solicitar ao exportador a documentação necessária, representativa da exportação, a fim de comprovar a operação comercial.

Assim, para a contratação de câmbio antecipado de exportação – nesse caso, ainda não ocorreu o embarque da mercadoria –, os bancos e as corretoras, em geral, solicitam ao exportador somente a fatura pró-forma; porém, posteriormente, este terá de comprovar o embarque da mercadoria por meio dos documentos de exportação.

Já para a contratação de câmbio de exportação após o embarque da mercadoria, é padrão que os bancos e as corretoras solicitem ao exportador a fatura comercial, o conhecimento de embarque e o número do Registro de Exportação (RE). Cabe às instituições autorizadas a operar com câmbio dispensar ou não a apresentação dos documentos comprobatórios da operação comercial, contudo, elas são responsáveis pela observância da legalidade da operação e estão sujeitas às penalidades previstas em lei.

9.2 Aspectos cambiais na importação

O mesmo tratamento dado à exportação se aplica à importação de mercadorias e serviços.

Os produtos estrangeiros podem ingressar no Brasil sem que haja a contrapartida do pagamento por parte do importador brasileiro – operação classificada como importação sem cobertura cambial.

No entanto, o tipo de importação mais usual é aquele em que as empresas brasileiras compram materiais no exterior (importação) e efetuam pagamento ao exportador estrangeiro – operação classificada como importação com cobertura cambial.

9.2.1 Importação sem cobertura cambial

Há várias possibilidades de as mercadorias ingressarem no Brasil sem que haja a necessidade de pagamento por parte do importador brasileiro.

João dos Santos Bizelli e Ricardo Barbosa (2002, p. 65) consideram que se trata de uma importação sem cobertura cambial quando "inexiste contratação de câmbio, uma vez que [...] não haverá necessidade de aquisição de moeda estrangeira".

São exemplos de importação sem cobertura cambial casos de mercadorias que ingressam no país em regime de admissão temporária[a], amostras, doações e retorno de material enviado para o exterior com a finalidade de testes ou conserto.

---

[a] A admissão temporária consiste no regime aduaneiro que permite a entrada de certas mercadorias no país, com finalidade e período de tempo determinados, com a suspensão total ou parcial do pagamento de tributos aduaneiros incidentes na importação e com o compromisso de serem reexportadas. Incluem-se nas hipóteses previstas, entre outros, bens destinados a feiras, exposições, congressos e eventos (de caráter científico, comercial, técnico, cultural ou esportivo) para promoção comercial e para uso pessoal ou exercício temporário de atividade profissional de não residente" (Brasil, 2016).

9.2.2 Importação com cobertura cambial

A Circular n. 3.691/2013 regulamenta o pagamento a prazo das importações brasileiras por um período de até 360 dias. Nesse sentido, destacamos os seguintes pontos:

› O pagamento das importações brasileiras podem ser realizadas em reais ou em moeda estrangeira.
› O pagamento deve ser feito ao legítimo credor externo.
› O pagamento antecipado pode ser realizado até 180 dias antes da data de embarque ou da nacionalização da mercadoria.
› Para a importação de máquinas e equipamentos de longo ciclo de produção ou de fabricação sob encomenda, o prazo da antecipação do pagamento pode ser de até 1.080 dias.
› Para os pagamentos com prazo superior a 360 dias, é necessário registrar a operação de importação no BCB seguindo a regulamentação específica.

Entretanto, é na negociação entre o importador brasileiro e o exportador estrangeiro que o prazo é definido, de acordo com a avaliação de risco ou com os interesses de cada um.

9.2.3 Pagamento antecipado

O pagamento antecipado de importação, como vimos anteriormente, pode ser realizado, em geral, até 180 dias antes do embarque da mercadoria no exterior. Essa condição oferece grande risco ao importador, uma vez que o pagamento é efetuado antes do embarque da mercadoria.

A contratação de câmbio no pagamento antecipado de importação requer, por parte do banco, certa precaução na negociação da moeda estrangeira com o importador e certificação de que a mercadoria foi embarcada no exterior e nacionalizada no Brasil por meio dos documentos representativos da operação comercial.

Nessa situação, na contratação de câmbio, o banco solicita a fatura pró-forma ou outro documento equivalente para validar a operação. No prazo de até 180 dias após a contratação, o importador deve apresentar ao banco os comprovantes do ingresso da mercadoria no país – a fatura comercial, o conhecimento de embarque e a Declaração de Importação (DI). Caso o importador não os apresente ou não os tenha, poderá ficar impedido de fazer novas operações de câmbio.

9.2.4 Pagamento à vista

No mercado brasileiro de importação, o pagamento à vista se caracteriza quando a contratação do câmbio é realizada após o embarque da mercadoria no exterior, mas antes do registro da DI. Para contratar o câmbio, o importador deve apresentar ao banco negociador os documentos originais ou as cópias da fatura comercial e do conhecimento de embarque.

9.2.5 Pagamento a prazo

A contratação do câmbio para pagamento a prazo é realizada após o desembaraço aduaneiro, isto é, após a nacionalização da mercadoria. Nessa situação, o banco negociador do câmbio pode solicitar ao importador os documentos que comprovem a importação – a fatura comercial, o conhecimento de embarque e a DI. Caso o prazo de pagamento seja superior a 360 dias, há a necessidade de registro da operação no BCB. Nesse caso, o importador deverá apresentar o Registro de Operações Financeiras (ROF).

Figura 9.2 – Diagrama da contratação de câmbio na importação

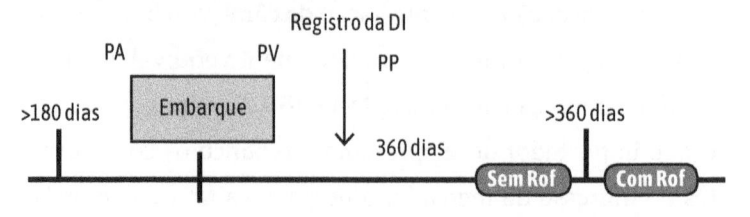

```
                    Registro da DI
       PA        PV    │    PP
  >180 dias  ┌────────┐│              >360 dias
     │       │Embarque│▼                 │
     │       │        │  360 dias        │
     ┼───────┴────────┴──────────[Sem Rof]─[Com Rof]─
```

Na Figura 9.2, de forma simplificada, estão representados os prazos que podem ocorrer na contratação de câmbio de importação em relação à data de embarque: pagamento antecipado (PA), pagamento à vista (PV) e pagamento a prazo (PP).

9.3 Comissão de agentes

O exportador pode negociar suas vendas com o importador, mas isso exige, por parte daquele, um alto grau de conhecimento sobre as técnicas de negociação e sobre a legislação e os aspectos culturais, políticos e financeiros do país em que este vive. A negociação pode ocorrer pessoalmente ou pode ser contratado um intermediário para comercializar os produtos do exportador no exterior. Nos dois casos, a operação é classificada como exportação direta.

O intermediário, representante ou agente deve ter um conhecimento amplo do mercado comprador, principalmente da legislação pertinente ao comércio exterior. Para isso, é necessário que ele tenha o domínio do idioma inglês ou do idioma do país do importador e ainda conheça detalhadamente o produto com o qual trabalhará.

Para o importador, por sua vez, comprar a mercadoria por meio de um agente também é interessante, porque este será a referência para aquele, caso queira informações adicionais sobre o país ou sobre o produto do exportador ou necessite de assistência técnica; enfim, qualquer dúvida que o importador tenha com relação à compra efetuada.

A comissão de agente é um percentual aplicado sobre o valor da mercadoria no local de embarque. No mercado, é muito utilizada a frase "A comissão de agente é aplicada sobre o valor FOB[b]".

O percentual da comissão de agente está relacionado ao produto a ser exportado. Portanto, a mercadoria com menor valor agregado tem um percentual de comissão de agente menor, enquanto aquele com alto valor agregado dispõe de um percentual maior de comissão de agente. No Brasil, o órgão responsável por determinar os percentuais máximos da comissão de agente sobre as exportações brasileiras é a Secretaria de Comércio Exterior (Secex), órgão do Ministério do Desenvolvimento, Indústria e Comércio Exterior.

---

b   Angela Cristina Tripoli e Rodolfo Coelho Prates (2016, p. 191) explicam que "As regras Incoterms (International Commercial Terms) são condições de venda que foram incorporadas aos contratos de compra e venda internacional de bens em todo o mundo e estabelecem um conjunto de regras e práticas para importadores, exportadores, transportadores, seguradoras e demais entidades envolvidas em transações com o comércio internacional". O FOB (*free on board*) é um dos 11 Incoterms existentes e significa que a responsabilidade do exportador quanto aos custos e aos riscos envolvidos na operação termina quando a mercadoria é entregue desembaraçada e embarcada no navio no porto de origem. Não fazem parte do custo o valor do frete internacional e o seguro de transporte internacional, que ficam a cargo do importador.

9.3.1 *Comissão de agente de exportação*

Os pagamentos das comissões de agente de exportação são realizados mediante transferências em moeda estrangeira para o domicílio bancário do beneficiário (agente), podendo ou não haver a contratação de câmbio financeiro. Para isso, o percentual e a modalidade da comissão têm de ser informados no RE inscrito no Sistema Integrado de Comércio Exterior (Siscomex).

As classificações da comissão de agente de exportação estão definidas na regulamentação cambial, mais precisamente no art. 105 da Circular n. 3.691/2013:

> Art. 105. O pagamento de comissão de agente devida sobre exportação pode ser efetuado nas seguintes modalidades:
> I – em conta gráfica, observado que o valor do contrato de câmbio da exportação não inclui a parcela relativa à comissão de agente e que a fatura comercial e o saque abrangem o valor da comissão de agente;
> II – por dedução na fatura comercial, observado que o valor da fatura comercial abrange o valor da comissão e que o valor do contrato de câmbio da exportação e do saque não incluem o valor da comissão;
> III – a remeter, observado que o valor do contrato de câmbio da exportação, da fatura comercial e do saque abrangem o valor da comissão e que o pagamento da comissão ocorre mediante celebração e liquidação de contrato de câmbio pelo exportador, destinado à transferência financeira para o exterior em favor do beneficiário da comissão.
> (Brasil, 2013g, p. 25)

O exportador que utiliza os serviços do agente pode direcionar seu esforço para o planejamento e a condução da produção da mercadoria em conformidade com os critérios relativos à qualidade, deixando para o agente a intermediação da venda ao importador.

9.3.2 Comissão de agente de importação

Quando o importador brasileiro utiliza um intermediário para comprar uma mercadoria no exterior, também deve pagar a comissão de agente, que deve estar registrada na DI. Na importação, há duas modalidades de comissão de agente:

1. **Retida no país** – A comissão de agente está incluída no preço do contrato de câmbio de importação, na fatura comercial e no saque. Porém, o banco negociador transfere o valor da importação sem a comissão de agente para o exportador no exterior e repassa ao agente a quantia referente à comissão diretamente.
2. **Transferida ao exterior** – A comissão de agente está incluída no preço do contrato de câmbio de importação, na fatura comercial e no saque. Porém, o banco negociador transfere o valor total da importação para o exportador, no exterior, e este, na data acordada, repassa ao agente a quantia referente à comissão.

Na importação brasileira, não há um órgão responsável por estabelecer o percentual máximo da comissão de agente. Por isso, na prática, os percentuais utilizados são semelhantes aos da exportação.

9.4 Aspectos cambiais nas transferências financeiras

Os procedimentos adotados pelos bancos ao negociar a compra ou a venda de moeda estrangeiras com seus clientes nas operações de câmbio financeiro são semelhantes aos adotados nas operações de câmbio comercial. A diferença é o enquadramento da atividade.

As operações de câmbio comercial estão relacionadas às atividades de exportação e de importação de mercadorias e serviços. Dessa maneira, é simples para o banco identificar a operação por meio dos documentos representativos da operação comercial (faturas pró-forma e comercial, conhecimento de embarque, RE ou DI).

Nas operações de câmbio financeiro, primeiramente há a necessidade de o cliente informar (detalhar) ao banco o motivo da transferência da moeda estrangeira – por exemplo, se é referente à aquisição de um imóvel no exterior, ao recebimento de um empréstimo externo ou a qualquer outra situação que não se enquadre nas operações de câmbio comercial. Depois, o cliente deve apresentar a documentação necessária para comprovar a operação. No caso da aquisição de um imóvel, essa documentação seria o contrato de compra e venda de imóvel que identificasse o valor negociado, o comprador e o vendedor.

Os contratos de câmbio financeiro também são classificados em contratos de câmbio de compra e de venda. O primeiro é estabelecido quando o banco compra a moeda estrangeira, e o segundo, quando o banco vende a moeda estrangeira.

Vejamos a seguir alguns exemplos de operações de câmbio financeiro.

Operações de câmbio de compra

› **Aluguel de equipamentos** – Transferência de recursos do exterior para pagamento de aluguel de equipamentos no Brasil.
› **Aquisição de imóveis** – Transferência de recursos do exterior para a compra de imóveis no Brasil.
› **Doação** – Transferência de recursos do exterior para entidades sem fins lucrativos no Brasil.
› **Empréstimo** – Transferência de recursos do exterior para empresas no Brasil referente à contratação de empréstimo no exterior.
› **Indenização de seguro** – Transferência de recursos do exterior para a indenização de seguro contratado no exterior.
› **Manutenção** – Transferência de recursos do exterior para a manutenção de pessoa física no Brasil.

Operações de câmbio de venda

› **Disponibilidades no exterior** – Transferência de recursos para o exterior para conta corrente da mesma titularidade do remetente.
› **Frete internacional** – Transferência de recursos para o exterior para pagamento de frete contratado no exterior.
› **Juros sobre empréstimos ou financiamentos** – Transferência de recursos para o exterior para pagamento de juros sobre empréstimos e financiamentos concedidos para empresas brasileiras.
› **Lucros e dividendos** – Transferência de recursos para o exterior referentes a lucros e dividendos obtidos por empresas no Brasil para sócios ou empresas com participação societária no exterior.

> **Prêmio de seguro** – Transferência de recursos para o exterior para pagamento de seguro (de transporte, de vida etc.).
> **Viagens internacionais** – Transferência de recursos em espécie para o exterior para cobertura de gastos em viagens de turismo, de negócios etc.

Para cada um dos enquadramentos das operações de câmbio, há um código específico, conforme os exemplos apresentadas no Quadro 9.1.

Quadro 9.1 – Enquadramento das operações de câmbio financeiro

Natureza da operação	N° do código
Seguros de vida	
Prêmio	27069
Indenização	27076
Serviços pessoais, culturais e de entretenimento	
Serviços de educação em viagem	47702
Serviços de educação	47719
Mercado financeiro e de capitais	
Ações	72007
Fundos de investimento	72045

Fonte: Elaborado com base em Brasil, 2013f.

Vale ressaltar que fica a critério do banco negociador do câmbio solicitar os documentos que considere necessários para comprovar a transação realizada.

9.4.1 *Tributação nas operações de câmbio*

Há dois tributos federais incidentes nas operações de câmbio financeiro, o Imposto sobre Operações Financeiras (IOF) e o Imposto de Renda (IR).

O IOF é aplicado nas operações de câmbio de compra ou de venda e sua alíquota é determinada pelo governo federal de acordo com o interesse de arrecadar mais ou menos tributos. O IR recai sobre as ordens de pagamento para o exterior – quando uma pessoa física ou jurídica precisa fazer uma transferência em moeda estrangeira para o exterior. Pela ótica do banco negociador do câmbio, essas operações são classificadas como câmbio de venda.

Os bancos são responsáveis por fazer o enquadramento da operação de câmbio financeiro com base nas informações prestadas pelos clientes. Definido o enquadramento, verifica-se se há ou não a incidência do IR sobre a operação.

As alíquotas de IR mais recorrentes nas operações de câmbio são: zero, 15% e 25%. Existe uma legislação própria para cada um dos tipos de impostos que determina o fato gerador, a base de cálculo, as alíquotas, o modo e a data do recolhimento e outras considerações que devem ser de conhecimento dos envolvidos nas operações de câmbio.

9.5 Registro de Operações Financeiras (ROF)

Segundo Aquiles Vieira (2008, p. 45),

> ROF é um sistema autorizado que permite aos interessados efetuar o registro de operações diretamente no Sisbacen, desde que estejam devidamente credenciados por esse órgão. Possui caráter declaratório e sujeita os responsáveis pelas informações a todas as responsabilidades legais por sua veracidade e legalidade.

As condições para registrar o ROF apresentadas na sequência estão de acordo com o Capítulo III da Circular n. 3.689, de 16 de dezembro de 2013 (Brasil, 2013e).

O ROF é necessário para as operações de crédito externo concedido a pessoa física ou jurídica, domiciliada ou com sede no Brasil, por pessoa física ou jurídica domiciliada ou com sede no exterior relacionadas às seguintes operações:

> Art. 61. [...]
>
> I – empréstimo externo [...];
>
> II – recebimento antecipado de exportação, com prazo de pagamento superior a 360 (trezentos e sessenta) dias;
>
> III – financiamento externo, com prazo de pagamento superior a 360 (trezentos e sessenta) dias;
>
> IV – arrendamento mercantil financeiro externo (*leasing*), com prazo de pagamento superior a 360 (trezentos e sessenta) dias. (Brasil, 2013e, p. 8)

Para efetuar o registro e obter o número do ROF, é necessário informar, diretamente no Sistema de Informações do Banco Central (Sisbacen), alguns dados e condições da negociação entre as partes. O registro pode ser feito diretamente pela empresa interessada ou por terceiros – normalmente, as empresas contratam serviços para registrar o ROF de instituições bancárias, corretoras de câmbio ou despachantes aduaneiros. As principais informações necessárias para o registro do ROF são:

> Art. 63. [...]
>
> I – todos os titulares da operação (devedor, credores, agentes, garantidores);

II – as condições financeiras e o prazo de pagamento do principal, dos juros e dos encargos;

III – a manifestação do credor ou do arrendador sobre as condições da operação, bem como do garantidor, se houver;

IV – demais requisitos solicitados quando do registro da operação no módulo ROF [...]. (Brasil, 2013e, p. 18)

As operações de importação com prazo de pagamento superior a 360 dias são consideradas operações financeiras pelo BCB e, portanto, há necessidade do ROF anteriormente ao registro da DI. Nesses casos, o ROF deve ser realizado pelo importador ou por seu representante no Sisbacen, e nele devem estar informados os principais dados da negociação: identificação do financiado (importador) e do financiador; valor e prazo da operação; taxa de juros; encargos; e cronograma de pagamento.

As informações declaradas (registradas) no ROF são analisadas pelo próprio Sisbacen, que está preparado para autorizar automaticamente o registro, caso esteja dentro dos critérios exigidos pelo BCB.

Síntese

Discutimos, neste capítulo, os aspectos cambiais do mercado de câmbio brasileiro.

Em primeiro lugar, abordamos os procedimentos cambiais na exportação, que envolvem o beneficiário ou o remetente do pagamento, os prazos para a contratação do câmbio, os documentos necessários para fazer a comprovação da operação cambial e a importância do conhecimento da legislação, tanto para a instituição financeira como para o exportador. Esses aspectos também se aplicam às operações de importação.

Na sequência, vimos como são definidas as comissões de agentes de exportação e de importação, destacando sua aplicabilidade e os tipos que podem assumir.

Quanto ao câmbio financeiro, analisamos os métodos para a contratação e mostramos que são semelhantes aos dos câmbios de exportação e de importação. Para o câmbio financeiro, há diversos tipos de enquadramento, que revelam operações sobre as quais incidem tributos de forma diferenciada.

Por fim, descrevemos brevemente o ROF, registro necessário perante o BCB para as operações que estão relacionadas ao crédito externo e que são realizadas por pessoas físicas ou jurídicas no Brasil.

Perguntas & respostas

O Banco Central do Brasil (BCB) oferece ao exportador brasileiro várias formas de receber pela venda de mercadorias. Indique três delas.

1. O exportador pode receber até 100% do valor da exportação em uma conta própria no exterior.
2. O exportador pode receber o valor da exportação na conta de um banco no exterior autorizado pelo BCB. Nesse caso, o exportador tem de fazer a operação de câmbio, vender a moeda estrangeira para o banco e receber o valor equivalente em reais.

3. O exportador pode receber o valor da exportação em espécie, depois de vender a moeda estrangeira para um banco.

Questões para revisão

1. As condições que permitem ao exportador receber o pagamento das exportações estão previstas na Circular n. 3.691/2013 (Brasil, 2013g). Sobre essas condições, analise as afirmações a seguir e marque V para as verdadeiras e F para falsas.
( ) Os exportadores brasileiros de mercadorias ou serviços podem manter no exterior, em conta própria, até 50% do valor da exportação.
( ) O pagamento das exportações brasileiras pode ser realizadas em reais.
( ) O valor da fatura comercial, caso esteja discriminado em euros, estabelece que pagamento tem de ser realizado em euros.
( ) A contratação de câmbio referente à exportação pode ser realizada somente após o embarque da mercadoria.
( ) O contrato de câmbio de exportação pode ser liquidado no prazo de 150 dias após a data da contratação.
Agora, assinale a alternativa que apresenta a sequência correta:
a) V, F, V, F, F.
b) V, F, V, V, F.
c) F, F, V, F, V.
d) F, V, F, F, F.
e) F, V, F, F, V.

2. Pelas normas do Banco Central do Brasil (BCB), quais são os prazos pelos quais o exportador e o importador, respectivamente, podem contratar o câmbio na modalidade de pagamento antecipado?

3. Assinale a alternativa que está relacionada aos pagamentos de importações brasileiras:
   a) O pagamento antecipado pode ser realizado em até 360 dias antes da data de embarque ou da nacionalização da mercadoria.
   b) Para as mercadorias que ingressam no Brasil, obrigatoriamente, tem de haver o pagamento.
   c) No pagamento à vista, a contratação do câmbio ocorre após o embarque da mercadoria, mas antes do registro da Declaração de Importação (DI).
   d) O importador está limitado a efetuar os pagamentos em até 360 dias após o embarque da mercadoria.
   e) O Registro de Operações Financeiras (ROF) é necessário somente para as operações de importação com prazos superiores a 360 dias.

4. Como ocorre a comissão de agente de exportação na modalidade *conta gráfica* com relação aos aspectos cambiais, considerando-se o valor da exportação FOB de US$ 10 mil e comissão de 10%?

5. Os impostos que incidem, em geral, nas operações de câmbio financeiro são:
   a) II e IPI.
   b) IOF e IR.
   c) IR e ISS.
   d) IOF e II.
   e) IR e IPI.

Questões para reflexão

1. Mesmo que, ultimamente, o BCB tenha deixado a legislação cambial mais flexível, ainda há uma cautela por parte dos bancos em contratar os câmbios de exportação e de importação na modalidade de pagamento antecipado. Por que os bancos tomam essa medida?
2. Caso o Brasil aumente consideravelmente o valor de suas reservas internacionais, o BCB deve flexibilizar ainda mais os procedimentos cambiais para as empresas? Justifique sua resposta.

10

Proteção cambial

Conteúdos do capítulo:

› Risco cambial nas operações de exportação e de importação.
› Conceito de *hedge* natural.
› *Hedge* na operação de câmbio travado de exportação.
› Proteção cambial através do adiantamento sobre o contrato de câmbio (ACC).
› Proteção cambial nas operações de importação.
› Conceito de derivativos.

Após o estudo deste capítulo, você será capaz de:

1. distinguir as empresas que têm ativo daquelas que têm passivo em moeda estrangeira;
2. identificar as situações em que as empresas podem utilizar o *hedge* natural;
3. compreender a contratação de câmbio travado na exportação;
4. considerar a operação de ACC como uma proteção cambial;
5. descrever as vantagens de travar a taxa de câmbio de importação para liquidação futura;
6. indicar os pontos relevantes nas operações de proteção cambial por meio da contratação de câmbio;
7. reconhecer que existem outros instrumentos de proteção cambial além daqueles realizados mediante operações de câmbio.

O MERCADO CAMBIAL BRASILEIRO, COMO VIMOS ANTERIORmente, é livre e permite que a taxa de câmbio oscile de acordo com a lei da oferta e da procura. Porém, quando a oscilação está sobressaindo, o Banco Central do Brasil (BCB) pode intervir para buscar o equilíbrio do valor da taxa de câmbio.

Quando não se faz o *hedge* (proteção) cambial, quem atua no comércio exterior, faz ou recebe transferências em moeda estrangeira relacionadas a qualquer finalidade tem uma preocupação constante em razão da flutuação da taxa de câmbio – o chamado *risco cambial*.

Retomando o Gráfico 5.1, no Capítulo 5, podemos observar que a variação da taxa de câmbio no período de 1º de setembro de 2016 a 1º de setembro de 2017 alcançou pontos altos e pontos baixos. Isso retrata que a variação ocorre em menor ou em maior intensidade dependendo dos aspectos que influenciam o mercado de câmbio, como fatores econômicos e políticos internos e externos. Dessa maneira, as pessoas físicas e jurídicas que dispõem de ativo ou passivo em moeda estrangeira estão sujeitas às variações do valor da taxa de câmbio e, portanto, suscetíveis aos riscos cambiais.

Nesse sentido, se é certo que a taxa de câmbio no Brasil apresenta instabilidades constantes, é possível indagar: Como uma empresa brasileira, exportadora ou importadora, consegue planejar e controlar suas finanças, uma vez que as exportações e as importações são realizadas em moeda estrangeira?

Basta olhar novamente o Gráfico 5.1 para constatar a dificuldade existente para os empresários exportadores ou importadores brasileiros. Contudo, será que não há nada a se fazer? As empresas devem torcer para que, no dia em que contratarem o câmbio, a taxa esteja favorável a elas?

O exportador deve ansiar por uma taxa alta e o importador por uma taxa baixa?

Como explicam Luiz Alberto Climeni e Herbert Kimura (2008, p. 67),

> O risco financeiro mais evidente é o risco de mercado. Os riscos de mercado estão associados a perdas potenciais em função de flutuação de variáveis financeiras que podem afetar posições ativas e passivas da empresa. Por exemplo, flutuação de taxa de juros e taxas de câmbio bem como alterações de preços de insumos, *commodities*, ações etc. podem representar fatores de risco de mercado.

Neste capítulo, vamos tratar do risco cambial que é característico nas operações de exportação e de importação. Em nossa abordagem, analisaremos alguns exemplos de como o exportador e o importador podem evitar o risco cambial fazendo operações no mercado de câmbio ou de derivativos.

10.1 Hedge natural

Para as operações de câmbio, o **hedge natural**[a] está associado às empresas que dispõem, simultaneamente, de ativo e de passivo em moeda estrangeira. A seguir, exemplificamos esse caso em três situações diferentes:

---

[a] "Os *hedgers* procuram proteção no mercado futuro contra as oscilações inesperadas nos preços de mercado dos ativos. Uma forma possível bastante conhecida de proteger-se contra a desvalorização da moeda nacional é atuar de forma inversa adquirindo títulos indexados à variação cambial. Se um agente tem uma dívida em dólar, por exemplo, ao aplicar num título indexado à mesma moeda, efetua uma proteção contra uma eventual alta da moeda" (Assaf Neto, 2003, p. 373).

1. A empresa A atua somente com exportação; portanto, é uma organização que tem ativo em moeda estrangeira (dólar) e, por isso, está sujeita ao risco cambial. Caso a taxa de câmbio esteja **valorizada** na ocasião da contratação de câmbio, a empresa poderá sofrer perdas financeiras, ou seja, receber menos reais pela mesma quantidade em dólares.
2. A empresa B atua somente com importação; portanto, é uma organização que tem passivo em moeda estrangeira (dólar) e, por isso, está sujeita ao risco cambial. Caso a taxa de câmbio esteja **desvalorizada** na ocasião da contratação de câmbio, a empresa poderá sofrer perdas financeiras, ou seja, pagar mais reais pela mesma quantidade em dólares.
3. A empresa C atua tanto com exportação quanto com importação; portanto, é organização que tem ativo e passivo em moeda estrangeira (dólar). Nesse caso, ela pode fazer um *hedge* natural, desde que contrate simultaneamente as operações de câmbio de exportação e de importação. Dessa maneira, ela evitará perdas financeiras.

Na prática, empresas que apresentam as mesmas características da empresa C não conseguem fazer um *hedge* natural de 100% de suas operações de exportação e de importação, ação conhecida no mercado como **hedge perfeito**. Isso ocorre porque os valores das exportações nem sempre são iguais aos das importações e dificilmente há conciliação entre as datas da contratação de câmbio de ambas as operações.

Estudo de caso

Uma empresa realizará uma exportação de US$ 100 mil, para a qual deverá contratar o câmbio, obrigatoriamente, em determinado dia, porque precisa receber o valor equivalente em reais para pagar seus compromissos no mercado internacional. Além disso, ela também fará uma importação de US$ 100 mil para pagar um mês após a contratação da exportação.

Análise

› A empresa dispõe de ativo e passivo de mesmo valor em dólar.
› Caso a taxa de câmbio seja US$ 1,00 = R$ 3,20 no dia da contratação da exportação, a empresa receberá R$ 320 mil.
› Caso a taxa de câmbio seja US$ 1,00 = R$ 3,30 no dia do pagamento da importação, a empresa desembolsará R$ 330 mil.
› Considerando-se essas duas taxas de câmbio, a empresa D terá uma perda financeira de R$ 10 mil.
› Caso as taxas de câmbio sejam invertidas – US$ 1,00 = R$ 3,30 no dia da contratação da exportação e US$ 1,00 = R$ 3,20 no dia do pagamento da importação –, a empresa terá uma receita financeira de R$ 10 mil.

Conclusão

O ideal é que a empresa concilie o recebimento da exportação e o pagamento da importação na mesma data.

O *hedge* natural, portanto, é uma forma de proteção cambial e, havendo a possibilidade, ele deve ser praticado pelas empresas que realizam operações de exportação e de importação ao mesmo tempo.

10.2 Câmbio travado na exportação

O câmbio travado de exportação é formalizado mediante a contratação de câmbio futuro, no qual não há transferência nem da moeda nacional nem da moeda estrangeira na data da contratação, pois as entregas ocorrem em uma data futura acordada entre as partes – banco e exportador.

Para Dênis Muniz da Silva Carvalho, Marcelo Gonçalves de Assis e Tarcísio Rodrigues Joaquim (2007, p. 95), o câmbio travado "é um produto financeiro que permite as empresas exportadoras que desejam vender moeda estrangeira a termo (a prazo), proveniente de suas exportações, e que não tenham necessidade de caixa, se protegerem contra uma queda na taxa de câmbio".

Na contratação do câmbio travado de exportação, é utilizada a taxa de câmbio do momento da negociação – taxa de câmbio do dia. Essa taxa negociada permanece fixada (travada) até o dia da liquidação do contrato, independentemente de quanto estiver a taxa de câmbio na data em que ocorrerá a entrega da moeda estrangeira pelo exportador e da moeda nacional pelo banco. O câmbio travado de exportação pode ser contratado com empresas que já tenham realizado ou não o embarque da mercadoria, sobre qualquer valor e dentro dos prazos estabelecidos pelo BCB.

As condições do contrato são negociadas entre o banco negociador do câmbio e a empresa exportadora, podendo o primeiro estabelecer alguns critérios para contratar esse tipo de operação, como prazo e valor mínimo. Ainda, dependendo do valor do contrato de câmbio travado, o banco pode pagar um prêmio para o exportador, normalmente um percentual da taxa de juros praticada no mercado dos Certificados de Depósito Interbancário (CDI[b]).

A responsabilidade do exportador é entregar a moeda estrangeira ao banco na data acordada; caso isso não ocorra, o prazo de liquidação do contrato deverá ser prorrogado dentro do período permitido pelo BCB, permanecendo fixa a taxa de câmbio inicialmente negociada entre as partes. Se não houver mais a possibilidade de prorrogação e considerando-se que o exportador não tenha como entregar a moeda estrangeira ao banco, o contrato de câmbio deverá ser cancelado, e o exportador assumirá o ônus financeiro previsto na regulamentação cambial.

Estudo de caso

Uma empresa exportadora tem US$ 100 mil, referentes a uma mercadoria embarcada, para receber de seu importador em 90 dias. O exportador deseja travar o câmbio para essa operação e, então, negocia com seu banco de relacionamento a taxa de câmbio de US$ 1,00 = R$ 3,2000 na data da contratação (D-0) e compromete-se a entregar a moeda

---

[b] "Os Certificados de Depósito Interbancário são os títulos de emissão das instituições financeiras monetárias e não monetárias, que lastreiam as operações do mercado interbancário. Suas características são idênticas ao do CDB [Cerificado de Depósito Bancário], mas sua negociação é restrita ao mercado interbancário. Sua função é, portanto, transferir recursos financeiros de uma instituição financeira para outra. Em outras palavras, para que o sistema seja mais fluido, quem tem dinheiro sobrando empresta para quem não tem" (Fortuna, 2002, p. 107).

estrangeira ao banco na data futura (D-90); de modo semelhante, o banco entregará o valor equivalente em reais ao exportador na mesma data, conforme representado na Figura 10.1.

Figura 10.1 – Exemplo de câmbio travado

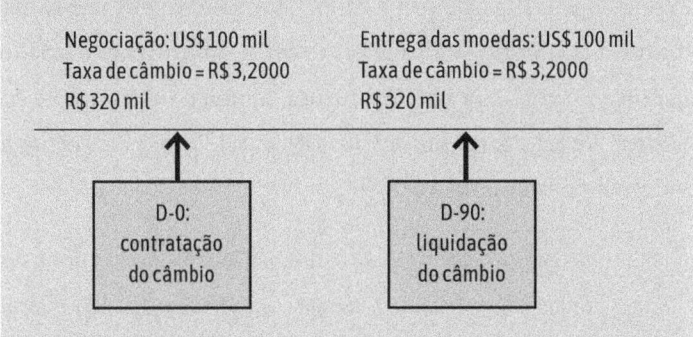

Negociação: US$ 100 mil	Entrega das moedas: US$ 100 mil
Taxa de câmbio = R$ 3,2000	Taxa de câmbio = R$ 3,2000
R$ 320 mil	R$ 320 mil

D-0: contratação do câmbio

D-90: liquidação do câmbio

Análise

› O exportador contrata o câmbio travado para US$ 100 mil em D-0.
› A taxa de câmbio da trava é de US$ 1,00 = R$ 3,2000.
› Em D-90, ocorrerá a liquidação do contrato de câmbio: o exportador entregará US$ 100 mil ao banco e o banco entregará R$ 320 mil ao exportador.

Conclusão

O exportador, no momento em que trava o câmbio, tem de considerar que a taxa de câmbio de US$ 1,00 = R$ 3,2000 (que representará o recebimento de R$ 320 mil em D-90) será suficiente para cobrir todos os custos da exportação e ainda garantir uma margem de rentabilidade para a operação. Nesse exemplo, independentemente de quanto for o valor da taxa de câmbio em D-90 – pode ser maior ou menor do que US$ 1,00 = R$ 3,2000 –, o exportador receberá R$ 320 mil.

10.3 Adiantamento sobre o contrato de câmbio (ACC)

O adiantamento sobre o contrato de câmbio (ACC) é um financiamento à exportação formalizado por um contrato de câmbio, no qual o banco compra a moeda estrangeira do exportador e lhe adianta o valor equivalente em reais, mediante a cobrança de deságio (juros) e, em contrapartida, o exportador realiza a entrega futura da moeda estrangeira ao banco. Angelo Luiz Lunardi (2000, p. 135) explica o pagamento de deságio no ACC:

> Celebrado o contrato de câmbio, o adiantamento pode ser concedido a qualquer tempo, a critério das partes. Geralmente, é concedido no dia da contratação do câmbio (ou no dia útil seguinte), e resulta para o exportador em pagamento do "deságio" (juros) pelo período de sua utilização. O deságio é pago ao banco na entrega dos documentos ou na liquidação e, normalmente, é calculado sobre o valor em moeda estrangeira e tendo como base taxas de juros internacionais.

Mas por que o ACC pode ser considerado uma operação de proteção cambial?

Porque, uma vez contratado o câmbio por meio do ACC, a taxa de câmbio é definida e o exportador toma conhecimento do valor do adiantamento em reais que receberá do banco. Em contrapartida, o exportador se compromete a entregar a moeda estrangeira ao banco na data acordada entre as partes (data futura), independentemente de quanto esteja a taxa de câmbio nesse dia.

Por essa razão, é bastante comum os exportadores utilizarem essa prática, principalmente quando a taxa de câmbio está desvalorizada (com valor alto). Contudo, é importante que, no momento da contratação, o exportador tenha em mente que o adiantamento em reais que ele receber deverá ser suficiente para pagar os custos da exportação, inclusive o deságio, e, ainda assim, trazer-lhe a rentabilidade esperada.

No entanto, as empresas que fazem o ACC e utilizam o adiantamento em reais para comprar insumos no mercado interno – que têm o preço indexado ao dólar – ou utilizam materiais importados na industrialização do produto a ser exportado ficam, assim mesmo, sujeitas ao risco cambial.

Estudo de caso

Uma empresa exportadora contrata um ACC com seu banco de relacionamento no valor de US$ 100 mil por um prazo de 180 dias, sendo que a taxa de câmbio no dia da contratação é de US$ 1,00 = R$ 3,30, e o deságio, de 5% ao ano (a.a.), conforme representado na Figura 10.2.

Figura 10.2 – Exemplo de ACC

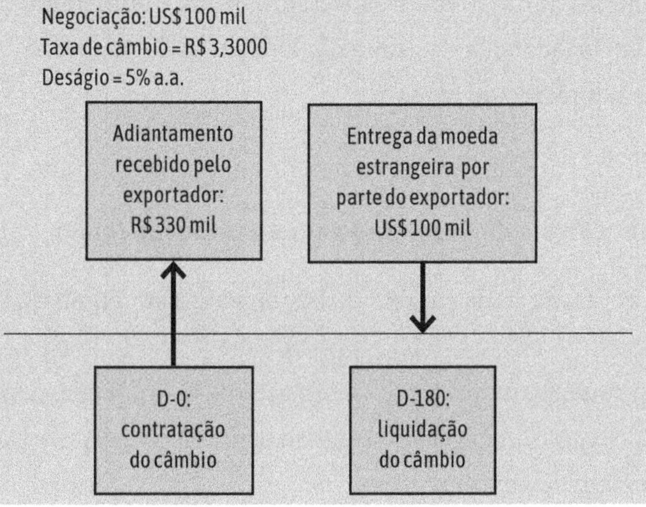

Negociação: US$ 100 mil
Taxa de câmbio = R$ 3,3000
Deságio = 5% a.a.

Adiantamento recebido pelo exportador: R$ 330 mil	Entrega da moeda estrangeira por parte do exportador: US$ 100 mil
D-0: contratação do câmbio	D-180: liquidação do câmbio

Análise
> O exportador contrata um ACC de US$ 100 mil em D-0.
> As taxas de câmbio e de deságio negociadas são, respectivamente: US$ 1,00 = R$ 3,3000 e 5% a.a.
> O exportador recebe do banco o adiantamento de R$ 330 mil em D-0.
> O exportador se compromete a entregar US$ 100 mil ao banco em D-180.

Conclusão
Conforme definido, o exportador paga o deságio de 5% a.a. = US$ 2.500,00, convertidos em reais, em D-0 ou em D-180, de acordo com a negociação entre o banco e o exportador.

É claro que, como o ACC é uma operação de financiamento, o exportador deve dar uma garantia ao banco e tem a responsabilidade de fazer a exportação no valor contratado e dentro do prazo acordado.

Quanto ao aspecto da proteção cambial, ao contratar o ACC, o exportador fixa a taxa de câmbio e, portanto, não fica sujeito à variação cambial. Dessa maneira, é indiferente para o exportador quanto estará o valor da taxa de câmbio na data de liquidação do contrato.

10.4 Câmbio de importação para liquidação futura

A contratação de câmbio de importação para liquidação futura tem como finalidade, principalmente para o importador, aproveitar o momento da valorização da taxa de câmbio (com valor baixo). A negociação entre o banco e o importador pode ser feita de duas maneiras:

1. **Câmbio de liquidação futura sem caixa** – Nesse caso, na data da contratação do câmbio, o importador não entrega o valor equivalente em reais para o banco nem este repassa a moeda estrangeira para o importador. Esses eventos ocorrerão somente na data da liquidação do contrato de câmbio (data futura). Os bancos são mais criteriosos para fazer essa operação porque pode haver a possibilidade de o importador não dispor do valor em reais para entregar na data acordada.
2. **Câmbio de liquidação futura com caixa** – Nessa operação – mais usual no mercado de câmbio –, na data da contratação do câmbio, o importador entrega o valor equivalente em reais para o banco (por meio de débito na conta corrente do importador) e, na data futura (na liquidação do contrato de câmbio), o banco entrega a moeda estrangeira para o importador – e paga o exportador no exterior.

> **Estudo de caso**
>
> Uma empresa contratou um financiamento à importação pelo valor de US$ 100 mil por um prazo de 360 dias e, para isso, comprometeu-se a pagar uma taxa de juros de 6% a.a. sobre o valor do financiamento no vencimento do contrato.
> Na data da contratação (D-0), a taxa de câmbio era de US$ 1,00 = R$ 3,3000. Passados 200 dias (D-200), a taxa de câmbio se valorizou e passou a valer US$ 1,00 = R$ 2,9000.
> A empresa, contando com recursos suficientes em D-200, pode contratar um câmbio de importação para liquidação futura. Assim, nessa data, ela entrega R$ 290 mil ao banco, pagando o financiamento contratado. Contudo,

o banco somente liquidará a dívida no exterior na data do vencimento do contrato (D-360).

Agindo dessa maneira, a empresa está aproveitando uma taxa de câmbio baixa para pagar seu compromisso e, assim, protegendo-se de uma possível alta da taxa de câmbio até o vencimento da operação.

Figura 10.3 – *Exemplo de contrato de câmbio de importação para liquidação futura*

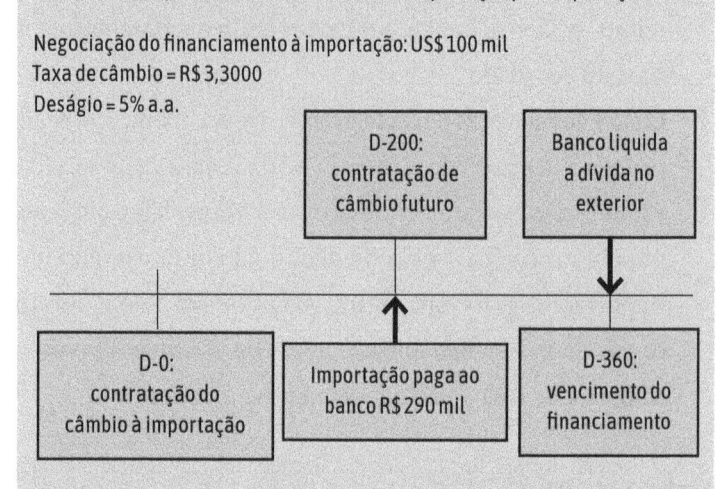

Negociação do financiamento à importação: US$ 100 mil
Taxa de câmbio = R$ 3,3000
Deságio = 5% a.a.

- D-0: contratação do câmbio à importação
- D-200: contratação de câmbio futuro
- Importação paga ao banco R$ 290 mil
- D-360: vencimento do financiamento
- Banco liquida a dívida no exterior

Análise

› A empresa contrata um financiamento à importação de US$ 100 mil em D-0.
› A taxa de câmbio na data da contração do financiamento era US$ 1,00 = R$ 3,3000, representando, nesse momento, uma dívida para a empresa de R$ 330 mil.
› Em D-360, a taxa de câmbio poderá estar mais alta ou mais baixa do que na data de contratação (D-0). Portanto, a empresa poderá pagar mais ou menos reais pela dívida do financiamento.
› Em D-200, a empresa contrata o câmbio de importação e paga R$ 290 mil ao banco.

> O banco liquida o contrato de câmbio em D-360, entregando US$ 100 mil ao credor do financiamento no exterior.
> Na data acordada, a empresa paga os juros definidos no contrato: US$ 6 mil.

Conclusão

Pela maneira como agiu, independentemente do valor da taxa de câmbio em D-360, a empresa realizou a proteção cambial.

Como é uma operação de financiamento à importação, a empresa deve dar uma garantia ao banco e pagar os juros devidos na data acordada. A contratação do câmbio futuro pode ser feita em qualquer data, antes do vencimento do financiamento à importação. Cabe ao importador escolher o melhor momento.

Quanto ao aspecto da proteção cambial, ao contratar o câmbio de importação para liquidação futura, o importador fixa a taxa de câmbio e paga o valor equivalente em reais ao banco. Portanto, é indiferente para o importador quanto estará o valor da taxa de câmbio na data de liquidação do contrato, pois, seja ela mais alta, seja mais baixa do que a taxa da data da contratação, haverá a proteção cambial.

10.5 Derivativos

O *hedge* natural, o câmbio travado de exportação, o ACC e o câmbio de importação para liquidação futura são alguns exemplos de proteção cambial que ocorrem no próprio mercado de câmbio. Adicionalmente, há outros instrumentos disponíveis no mercado financeiro, com os quais as empresas que dispõem de ativo ou de passivo em moeda estrangeira, inclusive os exportadores e os importadores, podem se proteger com relação ao risco cambial. Trata-se dos derivativos.

Segundo Alexandre Assaf Neto (2003, p. 358),

> Derivativos são instrumentos financeiros que originam (dependem) do valor de outro ativo, tido como ativo referência. Um contrato derivativo não apresenta valor próprio, derivando-se do valor de um bem básico (*commodities*, ações, taxas de juros etc.). Esses ativos objetos dos contratos de derivativos devem ter seus preços livremente estabelecidos pelo mercado.

Esse é o caso da taxa de câmbio.

Os derivativos mais utilizados pelos exportadores e importadores são o **termo de moeda** – ou *non deliverable forward* (NDF) –, os *swaps* e as **opções de moeda**.

Como esta obra tem o objetivo de abordar os aspectos do mercado de câmbio e os derivativos são instrumentos utilizados no mercado financeiro e requerem uma análise ampla e detalhada para seu entendimento, sugerimos a leitura de materiais relacionados especificamente ao tema. O importante, para os profissionais que atuam no comércio exterior, é identificar os riscos envolvidos nas operações de exportação e de importação – um dos quais está relacionado à variação da taxa de câmbio – e, utilizando as ferramentas disponíveis no mercado, buscar a proteção cambial, seja mediante os contratos de câmbio, seja por meio dos derivativos.

Síntese

Ao longo deste capítulo, discutimos as alternativas disponíveis para os agentes que atuam no mercado de câmbio se protegerem da variação cambial.

Iniciamos o tema tratando do *hedge* natural, indicado a empresas que tenham simultaneamente ativo e passivo em moeda estrangeira.

Outras maneiras pelas quais o exportador pode se proteger do risco cambial são a contratação de operação de câmbio travado de exportação e o ACC. As principais diferenças entre eles são que, no primeiro, não há o adiantamento do valor equivalente em reais por parte do banco nem a cobrança de juros; já no segundo, as duas situações podem ocorrer. No caso da importação, conforme analisamos, o risco cambial pode ser evitado por meio da contratação de câmbio de importação para liquidação futura.

Por fim, mencionamos outras possibilidades de proteção cambial, os derivativos.

Perguntas & respostas

Uma maneira de evitar o risco cambial na importação é contratar um câmbio para liquidação futura – no mercado, há dois tipos: com caixa e sem caixa. Qual é a diferença entre eles?

> Na operação de câmbio de importação para liquidação futura sem caixa, o importador não precisa desembolsar valores em reais pela compra da moeda estrangeira. Já no modelo com caixa, o importador entrega o valor equivalente em reais ao banco na data da contratação.

Questões para revisão

1. Empresas exportadoras e importadoras que disponham de capital ativo ou passivo em moeda estrangeira estão sujeitas a vários tipos de riscos. O risco cambial é aquele que representa a possibilidade de prejuízo em razão da variação da taxa de câmbio. Como essa situação pode ocorrer com uma empresa exportadora e outra importadora?

2. Determinada empresa tem uma exportação de US$ 100 mil para receber (contratar) em 60 dias e uma importação de US$ 130 mil para pagar (contratar) em 90 dias. Cumprindo-se os prazos mencionados, podemos afirmar que essa empresa:

   a) tem um *hedge* natural total.
   b) tem um *hedge* natural para US$ 100 mil.
   c) tem um *hedge* natural para US$ 130 mil.
   d) tem um *hedge* natural para US$ 30 mil.
   e) não tem um *hedge* natural.

3. Explique como ocorre uma operação de câmbio de exportação travado.

4. Existem algumas operações de câmbio que podem ser usadas para a proteção da variação da taxa de câmbio. Sobre essas operações, analise as afirmações a seguir e marque V para as verdadeiras e F para falsas.

( ) O importador contrata um câmbio futuro de importação para aproveitar o momento de baixa da taxa de câmbio.

( ) No câmbio de importação futuro sem caixa, o importador precisa pagar o valor equivalente em reais na data da contratação.

( ) A operação de ACC também pode ser usado pelo exportador como uma proteção cambial.

( ) Uma das diferenças do câmbio travado de exportação e o ACC é a data da entrega dos reais ao exportador.

( ) O câmbio travado de exportação pode ser realizado somente para exportações com mercadorias embarcadas.

Agora, assinale a alternativa que apresenta a sequência correta:
a) V, F, V, F, F.
b) V, F, V, V, F.
c) V, F, V, F, V.
d) F, V, F, F, F.
e) F, V, V, F, V.

5. Assinale a alternativa que apresenta o instrumento utilizado no mercado financeiro para proteção cambial que depende de um ativo objeto – no caso, a taxa de câmbio, que tem seu preço livremente estipulado pelo mercado:
a) Derivativo.
b) *Commodity*.
c) Contrato de câmbio.
d) Câmbio travado.
e) Ação.

Questões para reflexão

1. Em que situações um exportador deve contratar uma operação de câmbio travado de exportação?
2. O que falta para que as empresas que dispõem de passivo ou de ativo em moeda estrangeira façam a proteção cambial e não fiquem expostas à grande oscilação existente no mercado cambial brasileiro?

11
Modalidades de pagamento

Conteúdos do capítulo:

> Modalidades de pagamento.
> Fatores que influenciam a escolha da modalidade de pagamento.
> Fluxo cambial nas operações de exportação e de importação.

Após o estudo deste capítulo, você será capaz de:

1. identificar as quatro modalidades de pagamento internacionais;
2. avaliar o grau de risco que ocorre em cada modalidade de pagamento.

EM UMA NEGOCIAÇÃO COMERCIAL INTERNACIONAL, AS PARTES envolvidas – exportador e importador – devem acordar a maneira como o pagamento será efetuado, ou seja, a **modalidade de pagamento**. Conforme explicam Angela Cristina Tripoli e Rodolfo Coelho Prates (2016, p. 205-206),

> As transações internacionais requerem que sejam concedidos prazos e condições de pagamentos adequados às necessidades e aos interesses dos exportadores e importadores, uma vez que estes se constituem elementos fundamentais para o sucesso da venda e, consequentemente, a conquista e a fidelização do cliente importador.

As quatro modalidades de pagamento praticadas no mercado internacional são:

1. pagamento antecipado;
2. remessa sem saque;
3. cobrança documentária;
4. carta de crédito.

Angelo Luiz Lunardi (2000, p. 55) aponta os riscos que envolvem as modalidades de pagamento: "Uma das dificuldades enfrentadas por aqueles que participam das operações de comércio internacional está em conciliar os interesses do vendedor, de receber o preço ajustado, com os do comprador, de receber os bens, conforme pactuado nos contratos de compra e venda".

A seguir, destacamos alguns fatores que podem influenciar a escolha da modalidade de pagamento entre exportador e importador:

> **Credibilidade** – O estabelecimento da confiança entre as partes, geralmente, ocorre somente após algum tempo.
> **Condições de mercado** – É preciso considerar a lei da oferta e da procura. A abundância de determinado produto para exportação (maior oferta) possibilita ao comprador (importador) melhores condições na negociação quanto à escolha da modalidade de pagamento. Em situação contrária, a escassez do produto a ser comercializado dá ao vendedor as melhores condições na negociação.
> **Controle governamental** – As políticas cambiais adotadas pelos países envolvidos podem direcionar os negociadores a adotar determinada modalidade de pagamento.
> **Linha de financiamento** – Os bancos públicos ou privados podem estabelecer requisitos para a obtenção de linhas

de crédito que condicionem os negociadores a escolher determinada modalidade de pagamento.

> **Risco político** – O sistema e a situação política dos países dos negociadores, caso sejam instáveis, podem afetar a escolha da modalidade de pagamento.

> **Valor e prazo da operação** – A definição da modalidade de pagamento geralmente é mais fácil nas operações que envolvem valores pequenos e prazos curtos do que naquelas que implicam valores altos e prazos maiores.

Independentemente das condições que levarão à escolha da modalidade de pagamento, é praticamente imprescindível que tanto o exportador quanto o importador realizem uma consulta cadastral prévia sobre a outra parte. Além disso, é interessante que o comprador, principalmente, conheça a estrutura física do estabelecimento do vendedor. Dessa maneira, ainda que não haja a completa eliminação dos riscos envolvidos na negociação, mas eles serão minimizados. A seguir, apresentaremos, de forma bem resumida, algumas das modalidades de pagamento mais utilizadas e o risco que elas oferecem a cada um dos negociadores.

11.1 Pagamento antecipado

O pagamento antecipado ocorre quando o importador efetua o pagamento ao exportador antes do embarque da mercadoria. Isso significa que o pagamento é realizado na data acordada, o produto é expedido e então os documentos representativos da exportação são remetidos diretamente para o importador. O pagamento antecipado pode ser total ou parcial – nesse caso, pode haver o recebimento de um sinal por parte do vendedor para que ele possa iniciar a produção da mercadoria, por exemplo.

É comum que essa modalidade ocorra em operações de pequenos valores. O mercado chinês utiliza muito o pagamento antecipado em suas exportações, porque tem a possibilidade de impor essa condição. Geralmente, quem compra produtos da China procura por preços baixos, que são competitivos mundialmente. Essa também é uma maneira de o exportador chinês financiar a si mesmo, pois recebe os recursos antecipadamente e os utiliza na fabricação de suas mercadorias.

A função dos bancos envolvidos em transações dessa modalidade é somente fazer a transferência do pagamento, conforme as instruções do exportador.

Conclusão: risco total para o importador.

11.2 *Remessa sem saque*

Na remessa sem saque, o exportador, depois de embarcar a mercadoria, remete os documentos representativos da exportação diretamente ao importador, que, ao recebê-los, libera o produto na alfândega de seu país e, na data acordada, realiza o pagamento.

Essa modalidade pode ser classificada como à vista ou a prazo, de acordo com o tempo que o comprador tem para pagar o vendedor. Por conta disso, a remessa sem saque apresenta maior risco para o exportador, uma vez que o importador terá em suas mãos os documentos originais para poder liberar a mercadoria. Por essa razão, essa é a modalidade mais usada por empresas que já mantêm um bom grau de relacionamento.

Nesse caso, a função dos bancos envolvidos é somente fazer a transferência do pagamento, conforme as instruções do exportador.

> **Conclusão: risco total para o exportador.**

11.3 Cobrança documentária

A cobrança documentária é uma modalidade de pagamento padronizada pela International Chamber of Commerce – ICC (Câmara de Comércio Internacional – CCI), sediada em Paris. Na Publicação da Cobrança Documentária 522 – Publicação 522 (Uniform Rules for Collections 522 – URC 522) (ICC, 1995), há a definição de responsabilidades para todos os participantes das transações internacionais, inclusive os bancos.

Nessa modalidade, o exportador entrega os documentos originais representativos da exportação a seu banco de relacionamento com as instruções de cobrança ao banco do importador, que pode ser à vista ou a prazo.

Na prática, a cobrança documentária é realizada da seguinte forma:

1. O exportador embarca a mercadoria.
2. O exportador entrega os documentos originais representativos da exportação a seu banco, com as devidas instruções de cobrança.
3. O banco do exportador envia os documentos para o banco do importador.

4. O banco do importador entrega os documentos ao importador mediante pagamento ou aceite na letra de câmbio.
5. O importador recebe os documentos originais e retira a mercadoria na alfândega de seu país.

Portanto, nessa modalidade, o importador só obtém os documentos originais representativos da exportação quando efetua o pagamento ou dá o aceite na letra de câmbio, ou seja, assina o verso desse documento. Isso significa que o importador aceita (reconhece) que tem uma dívida para pagar ao exportador conforme as especificações contidas nas instruções de cobrança (valor, data de vencimento e local de pagamento).

Aos bancos envolvidos cabe a responsabilidade de cumprir as instruções de cobrança.

Conclusão: risco médio para o exportador.

11.4 Carta de crédito

A carta de crédito é uma garantia bancária pela qual o banco que a emite (emissor) assume o compromisso de pagar o exportador (beneficiário). Dessa forma, o exportador tem a garantia de que, caso o importador não efetue o pagamento, o banco emissor o fará. Para que o emissor honre o pagamento, é necessário que o exportador cumpra as instruções contidas na carta de crédito, como: embarcar a mercadoria até a data prevista no porto designado para esse fim, apresentar a documentação solicitada na carta de crédito, entre outras.

Essa modalidade está amparada na Publicação 600 da Câmara de Comércio Internacional (ICC, 2007) e também pode ser à vista ou a prazo. Pelo fato de os bancos, de certa maneira, assumirem as responsabilidades da operação, a carta de crédito é mais onerosa para as partes envolvidas na transação do que as outras modalidades de pagamento.

Na prática, a carta de crédito é utilizada de acordo com os seguintes passos:

1. O importador solicita a abertura da carta de crédito em seu banco de relacionamento.
2. O banco do importador (emissor) envia a carta de crédito para o banco do exportador (negociador) – em geral, é o próprio banco de relacionamento do exportador.
3. O banco negociador avisa o exportador sobre a chegada da carta de crédito.
4. O exportador, após conferir a carta de crédito, embarca a mercadoria para o país do importador.
5. O exportador entrega os documentos representativos da exportação solicitados na carta de crédito para o banco negociador.
6. O banco negociador envia os documentos para o banco emissor.
7. O banco emissor recebe os documentos e confere se eles estão de acordo com as instruções da carta de crédito.
8. O banco emissor efetua o pagamento ao banco negociador – se os documentos estiverem em ordem – na data acordada.
9. O banco negociador paga o exportador.
10. O banco emissor entrega os documentos para o importador.

11. O importador retira a mercadoria na alfândega.
12. O importador paga o banco emissor na data acordada.

> **Conclusão: garantia de recebimento para o exportador.**

Destacamos que os passos apresentados na cobrança documentária e na carta de crédito são meramente ilustrativos, até porque, na prática, alguns deles podem ocorrer simultaneamente.

Os **documentos representativos da exportação**, vale ressaltar, são necessários nas operações comerciais internacionais e suas emissões dependem de várias características envolvidas em cada transação, como: tipo da mercadoria, países envolvidos, prazo da negociação, benefícios tributários, exigências técnicas etc.

Contudo, em geral, esses documentos são os listados a seguir.

> **Documentos representativos da exportação**
>
> Fatura pró-forma (*proforma invoice*)
> Fatura comercial (*invoice*)
> Conhecimento de embarque (BL, AWB, CRT)[a]
> *Packing list* (romaneio)
> Certificado de origem
> Letra de câmbio (saque)
> Certificado fitossanitário

Além desses, podem ser solicitados outros documentos.

---

[a] *Bill of lading* (BL); *air waybill* (AWB); conhecimento de transporte rodoviário (CRT).

Por fim, ressaltamos que as modalidades de pagamento estão relacionadas diretamente às operações de câmbio, porque é por meio destas que o exportador recebe e o importador realiza o pagamento.

Síntese

Neste capítulo, analisamos as modalidades de pagamento praticadas no mercado internacional que estão diretamente relacionadas às operações de câmbio.

Inicialmente, mostramos que existem vários fatores que podem influenciar a escolha da modalidade de pagamento pelo exportador e pelo importador, que sempre estarão em busca de minimizar seus riscos. Dessa forma, às vezes é o importador quem assume o risco de pagar antecipadamente pela operação e não receber a mercadoria; em outras vezes é o exportador quem embarca a mercadoria sem ter a certeza de que receberá o pagamento.

Para minimizarem esses problemas, os negociadores podem adotar modalidades de pagamento intermediárias. Entre elas, comentamos brevemente as mais utilizadas no mercado internacional, apresentando, de maneira simples, o fluxo de procedimentos e os riscos envolvidos em cada uma.

Por fim, mencionamos alguns dos documentos representativos da exportação que servem para a liberação da mercadoria em seus locais de origem e de destino e para a comprovação da operação cambial.

Perguntas & respostas

São muitos os fatores que podem influenciar a escolha da modalidade de pagamento entre o exportador e o importador. Como as condições de mercado podem impactar nessa escolha?

> Quando há mais produtos no mercado (maior oferta), o comprador tem a vantagem de impor suas condições. Caso haja menos produto (menor oferta), a procura será maior, e, assim, o vendedor é que estará em melhor situação para fazer valer suas exigências.

Questões para revisão

1. Qual é a modalidade de pagamento que oferece menor risco para o exportador? Justifique sua resposta.
2. Ao escolher uma modalidade de pagamento, o exportador e o importador negociam algumas particularidades, que são de grande importância para a realização da operação, principalmente para evitar riscos. Em vista disso, assinale a alternativa que apresenta, consecutivamente, o maior risco para o exportador e para o importador:
   a) Não receber a mercadoria comprada e não receber o valor da venda.
   b) Não receber o valor da venda e não receber os documentos.
   c) Não receber os documentos e não receber a mercadoria comprada.

d) Não receber os documentos e não receber os documentos.

e) Não receber o valor da venda e não receber a mercadoria comprada.

3. Determinada empresa negociou a venda de seu produto com uma organização estrangeira. No entanto, ela não quer correr o risco de não receber o pagamento. Dessa maneira, qual modalidade de pagamento ela deve negociar com o importador?

a) Pagamento antecipado.

b) Remessa sem saque à vista.

c) Remessa sem saque a prazo.

d) Cobrança à vista.

e) Cartão de crédito.

4. A carta de crédito é a modalidade de pagamento mais complexa, pois requer total cuidado de todos os envolvidos: bancos, exportador e importador. Quais são as características dessa modalidade?

5. Assinale a alternativa que apresenta, em ordem crescente de risco para o importador, as modalidades de pagamentos utilizadas no comércio exterior:

a) Remessa sem saque; cobrança documentária; pagamento antecipado.

b) Remessa sem saque; pagamento antecipado; carta de crédito.

c) Pagamento antecipado; cobrança documentária; remessa sem saque.

d) Carta de crédito; pagamento antecipado; cobrança documentária.
e) Cobrança documentária; pagamento antecipado; remessa sem saque.

Questões para reflexão

1. O exportador, em uma negociação, deve preocupar-se somente com a forma como o importador efetuará o pagamento? Justifique sua resposta.
2. Em uma primeira negociação entre exportador e importador, como deve ser feita a escolha da modalidade de pagamento?

Para concluir...

A PRÁTICA CAMBIAL EXISTE HÁ CENTENAS DE ANOS, DESDE quando os antigos mercadores negociavam e buscavam obter lucro no comércio que desenvolviam com outros povos. Por isso, era importante que soubessem avaliar o preço das moedas existentes e identificar aquelas que eram mais aceitas nos negócios, a fim de que pudessem comprá-las por um preço baixo e vendê-las por um preço alto. Dessa forma, a prática de trabalhar com diferentes moedas era considerada uma arte que poucos tinham a condição de exercer. Com o decorrer do tempo, essa atividade evoluiu e o câmbio tornou-se o instrumento pelo qual são reconhecidas as moedas de maior aceitabilidade entre as nações e que, por terem se consolidado no mercado, fazem com que os países que as adotam se destaquem no cenário mundial.

No mercado brasileiro, estima-se que sejam realizadas 35 mil operações de câmbio e que sejam fechados US$ 9 bilhões em negócios diariamente (em média), valores que se refletem na busca por profissionais qualificados pelas empresas que atuam na área.

Tendo em vista a importância atual do comércio exterior, nosso objetivo foi apresentar os conceitos fundamentais referentes ao mercado de câmbio envolvido nas transações comerciais internacionais. Desse modo, discutimos a legislação básica e analisamos, por meio de exemplos teóricos e práticos, como ocorrem a compra e a venda de moeda estrangeira. Vimos também diversos aspectos relacionados a esse campo, como as classificações do mercado de câmbio e os tipos de taxas de câmbio.

Pelo fato de o mercado de câmbio ser instável, é importante para os profissionais que pretendem atuar nessa seara conhecer os instrumentos de proteção cambial disponíveis no mercado. Além disso, em razão da flutuação da moeda nacional perante as estrangeiras, é fundamental acompanhar diariamente o preço da taxa de câmbio. O câmbio também está relacionado às modalidades de pagamento escolhidas por exportadores ou importadores brasileiros, uma vez que em algum momento será necessário vender ou comprar a moeda estrangeira.

Não obstante, sabemos que o mercado de câmbio brasileiro é muito mais amplo do que todos os temas abordados nesta obra. Se considerarmos ainda as operações cambiais internacionais, há conteúdo para elaborar mais centenas e centenas de páginas.

Por isso, os estudos na área do mercado de câmbio não devem se encerrar por aqui, mas avançar em direção à consolidação dos vínculos comerciais entre os países, sempre endo em vista que, em toda operação de câmbio, a segurança dos negociadores e o respeito entre eles são as faces de uma mesma moeda.

Bons estudos!

Referências

ARAÚJO, J. P. Reservas em dólares: Lula US$ 257 bi x FHC US$ 17 bi. **Carta Maior**, 8 out. 2010. Disponível em: <http://www.cartamaior.com.br/?/Editoria/Economia/Reservas-em-dolares-Lula-US$-257-bi-X-FHC-US$-17-bi/7/16018>. Acesso em: 25 maio 2018.

ASSAF NETO, A. **Mercado financeiro**. 5. ed. São Paulo: Atlas, 2003.

BANCO DO BRASIL. Mudanças no mercado de câmbio e na regulamentação cambial já estão em vigor. **Comércio Exterior**, ano 13, n. 58, p. 28, mar./abr. 2005.

BCB – Banco Central do Brasil. Disponível em: <http://www.bcb.gov.br/pt-br/#!/home>. Acesso em: 23 jul. 2018a.

_____. **Bancos comerciais**. Disponível em: <https://www.bcb.gov.br/pre/composicao/bc.asp>. Acesso em: 21 maio 2018b.

_____. **Bancos múltiplos**. Disponível em: <https://www.bcb.gov.br/pre/composicao/bm.asp>. Acesso em: 21 maio 2018c.

_____. **CCR – Convênio de Pagamentos e Créditos Recíprocos**. Disponível em: <https://www.bcb.gov.br/Rex/CCR/folheto_da%20aladi_sobre_ccr.asp?idpai=infoccr>. Acesso em: 29 maio 2018d.

_____. **Conversão de moedas**. Disponível em: <http://www4.bcb.gov.br/pec/conversao/conversao.asp>. Acesso em: 30 maio 2018e.

BCB – Banco Central do Brasil. **Entenda o CMN**. Disponível em: <http://www.bcb.gov.br/Pre/CMN/Entenda%20o%20CMN.asp>. Acesso em: 21 maio 2018f.

_____. **IE5-26**. Posição de câmbio. Brasília, 11 jul. 2018g. Arquivo (69 kB). Planilha do Microsoft Excel. Disponível em: <http://www.bcb.gov.br/pec/indeco/Port/IE5-26.xlsx>. Acesso em: 17 jul. 2018.

_____. **Ranking do VET**. <https://www3.bcb.gov.br/rex/vet/index.asp>. Acesso em: 4 jun. 2018h.

_____. **Ranking instituição 2018 05**. Mercado de câmbio. 11 jun. 2018i. Arquivo (101 KB). Planilha do Microsoft Excel. Disponível em: <http://www.bcb.gov.br/?ESTATCAMBIF201805>. Acesso em: 29 maio 2018.

_____. **Relação de dealers de câmbio**. Disponível em: <http://www4.bcb.gov.br/pec/dealers/principal.asp>. Acesso em: 30 maio 2018j.

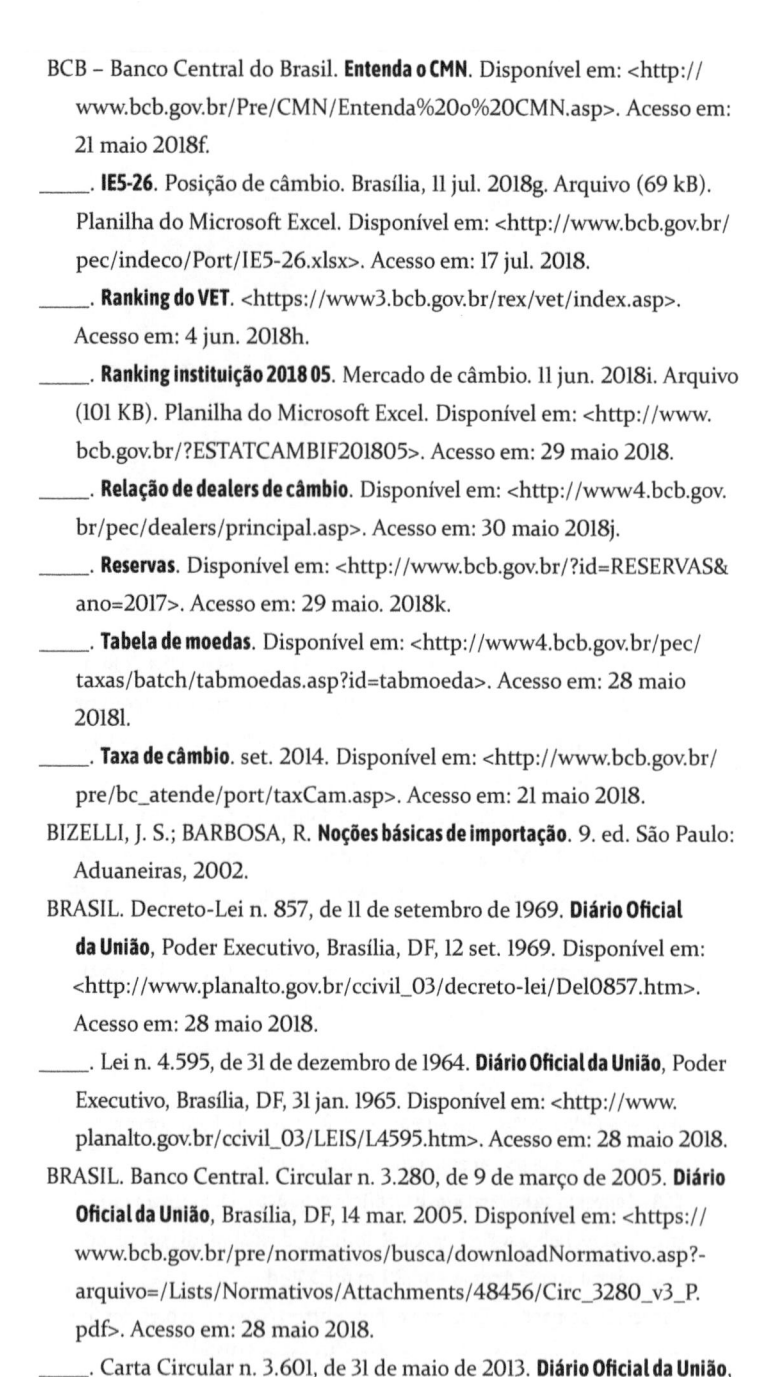

_____. **Reservas**. Disponível em: <http://www.bcb.gov.br/?id=RESERVAS&ano=2017>. Acesso em: 29 maio. 2018k.

_____. **Tabela de moedas**. Disponível em: <http://www4.bcb.gov.br/pec/taxas/batch/tabmoedas.asp?id=tabmoeda>. Acesso em: 28 maio 2018l.

_____. **Taxa de câmbio**. set. 2014. Disponível em: <http://www.bcb.gov.br/pre/bc_atende/port/taxCam.asp>. Acesso em: 21 maio 2018.

BIZELLI, J. S.; BARBOSA, R. **Noções básicas de importação**. 9. ed. São Paulo: Aduaneiras, 2002.

BRASIL. Decreto-Lei n. 857, de 11 de setembro de 1969. **Diário Oficial da União**, Poder Executivo, Brasília, DF, 12 set. 1969. Disponível em: <http://www.planalto.gov.br/ccivil_03/decreto-lei/Del0857.htm>. Acesso em: 28 maio 2018.

_____. Lei n. 4.595, de 31 de dezembro de 1964. **Diário Oficial da União**, Poder Executivo, Brasília, DF, 31 jan. 1965. Disponível em: <http://www.planalto.gov.br/ccivil_03/LEIS/L4595.htm>. Acesso em: 28 maio 2018.

BRASIL. Banco Central. Circular n. 3.280, de 9 de março de 2005. **Diário Oficial da União**, Brasília, DF, 14 mar. 2005. Disponível em: <https://www.bcb.gov.br/pre/normativos/busca/downloadNormativo.asp?arquivo=/Lists/Normativos/Attachments/48456/Circ_3280_v3_P.pdf>. Acesso em: 28 maio 2018.

_____. Carta Circular n. 3.601, de 31 de maio de 2013. **Diário Oficial da União**, Brasília, DF, 4 jun. 2013a Disponível em: <http://www.bcb.gov.br/

pre/normativos/busca/downloadNormativo.asp?arquivo=/Lists/ Normativos/Attachments/48937/C_Circ_3601_v1_O.pdf>. Acesso em: 30 maio 2018.

BRASIL. Banco Central. Circular n. 3.506, de 23 de setembro de 2010. **Diário Oficial da União**, Brasília, DF, 24 set. 2010. Disponível em: <http://www.bcb.gov.br/pre/normativos/busca/downloadNormativo.asp?arquivo=/Lists/Normativos/Attachments/49545/Circ_3506_v3_P.pdf>. Acesso em: 4 jun. 2018.

_____. Circular n. 3.625, de 14 de fevereiro de 2013. **Diário Oficial da União**, Brasília, DF, 18 fev. 2013b. Disponível em: <http://www.bcb.gov.br/pre/normativos/busca/downloadNormativo.asp?arquivo=/Lists/Normativos/Attachments/49022/Circ_3625_v1_O.pdf>. Acesso em: 5 jun. 2018.

_____. Circular n 3.672, de 23 de outubro de 2013. **Diário Oficial da União**, Brasília, DF, 24 out. 2013c. Disponível em: <http://www.bcb.gov.br/pre/normativos/busca/downloadNormativo.asp?arquivo=/Lists/Normativos/Attachments/48859/Circ_3672_v1_O.pdf>. Acesso em: 29 maio 2018.

_____. Circular n. 3.688, de 16 de dezembro de 2013. **Diário Oficial da União**, Brasília, DF, 17 dez. 2013d. Disponível em: <https://www.bcb.gov.br/pre/normativos/busca/downloadNormativo.asp?arquivo=/Lists/Normativos/Attachments/48813/Circ_3688_v1_O.pdf>. Acesso em: 29 maio 2018.

_____. Circular n. 3.689, de 16 de dezembro de 2013. **Diário Oficial da União**, Brasília, DF, 17 dez. 2013e. Disponível em: <https://www.bcb.gov.br/pre/normativos/busca/downloadNormativo.asp?arquivo=/Lists/Normativos/Attachments/48812/Circ_3689_v6_P.pdf>. Acesso em: 29 maio 2018.

_____. Circular n. 3.690, de 16 de dezembro de 2013. **Diário Oficial da União**, Brasília, DF, 17 dez. 2013f. Disponível em: <https://www.bcb.gov.br/pre/normativos/busca/downloadNormativo.asp?arquivo=/Lists/Normativos/Attachments/48816/Circ_3690_v5_P.pdf>. Acesso em: 29 maio 2018.

_____. Circular n. 3.691, de 16 de dezembro de 2013. **Diário Oficial da União**, Brasília, DF, 17 dez. 2013g. Disponível em: <https://www.bcb.gov.br/pre/normativos/busca/downloadNormativo.asp?arquivo=/Lists/

Normativos/Attachments/48815/Circ_3691_v9_P.pdf>. Acesso em: 28 maio 2018.

BCB – Banco Central do Brasil. **Consolidação das Normas Cambiais (CNC)**. Disponível em: <https://www.bcb.gov.br/Rex/RMCCI/ftp/cnc.pdf>. Acesso em: 29 maio 2018a.

BRASIL. Governo do Brasil. **BM&FBovespa**. Disponível em: <http://www.brasil.gov.br/economia-e-emprego/2009/11/bm-f-bovespa>. Acesso em: 5 jun. 2018b.

BRASIL. Ministério da Fazenda. **Aduana**: admissão temporária de bens. 5 abr. 2016. Disponível em: <http://fazenda.gov.br/carta-de-servicos/lista-de-servicos/receita-federal-do-brasil/aduana-2013-admissao-temporaria-de-bens>. Acesso em: 5 jun. 2018.

CARBAUGH, R. J. **Economia internacional**. São Paulo: Pioneira Thomson Learning, 2004.

CARVALHO, D. M. da S.; ASSIS, M. G. de; JOAQUIM, T. R. **Mercado de câmbio brasileiro e câmbio de exportação**. São Paulo: Lex, 2007.

CLIMENI, L. A. O.; KIMURA, H. **Derivativos financeiros e seus riscos**. São Paulo: Atlas, 2008.

CUCOLO, E. Receita eleva IOF na compra de moeda estrangeira de 0,38% para 1,1%. **Folha de S. Paulo**, 2 maio 2016. Disponível em: <http://www1.folha.uol.com.br/mercado/2016/05/1766866-receita-eleva-iof-na-compra-de-moeda-estrangeira-de-038-para-11.shtml>. Acesso em: 29 maio 2018.

FALCONES, I. **A catedral do mar**. Tradução de Cristina Cavalcanti. Rio de Janeiro: Rocco, 2007.

FORTUNA, E. **Mercado financeiro**: produtos e serviços. Rio de Janeiro: Qualitymark, 2002.

FXEXCHANGE RATE. **Dólar dos Estados Unidos (USD) para real brasileiro (BRL) taxa de câmbio histórica**. Disponível em: <http://usd.pt.fxexchangerate.com/brl-exchange-rates-history.html>. Acesso em: 1º set. 2017a.

_____. **Dólar dos Estados Unidos (USD) para yuan chinês (CNY) taxa de câmbio histórica**. Disponível em: <http://usd.pt.fxexchangerate.com/cny-exchange-rates-history.htm>. Acesso em: 1º set. 2017b.

GET Ready for the Phoenix. **The Economist**, London, v. 306, p. 9-10, 9 Jan. 1988.

HARTUNG, D. S. **Negócios internacionais**. Rio de Janeiro: Qualitymark, 2002.

ICC – International Chamber of Commerce. **UCP 600**: Uniform Customs & Practice for Documentary Credits. Paris: ICC, 2007.

_____. **URC 522**: Uniform Rules for Collections. Paris: ICC, 1995. Disponível em: <https://www.law.kuleuven.be/personal/mstorme/URC522.pdf>. Acesso em: 7 jun. 2018.

INFOMONEY. **Qual a importância do dólar e do mercado de câmbio**. Disponível em: <http://www.infomoney.com.br/dolar>. Acesso em: 28 ago. 2017.

ISO – International Organization for Standardization. **ISO 9362:2009**: Banking – Banking Telecommunication Messages – Business Identifier Code (BIC). Genebra, 2009.

_____. **ISO 9362:2014**: Banking – Banking Telecommunication Messages – Business Identifier Code (BIC). Genebra, 2014.

_____. **ISO 13616-1:2007**: Financial Services – International Count Bank Number (Iban) – Part 1 – Structure of the Iban. Genebra, 2007a.

_____. **ISO 13616-1:2007**: Financial Services – International Count Bank Number (Iban) – Part 2 – Role and Responsibilities of the Registration Authority. Genebra, 2007b.

LUNARDI, A. L. **Operações de câmbio e pagamentos internacionais no comércio exterior**. São Paulo: Aduaneiras, 2000.

MELLAGI FILHO, A.; ISHIKAWA, S. **Mercado financeiro e de capitais**. 2. ed. São Paulo: Atlas, 2003.

RATTI, B. **Comércio internacional e câmbio**. 10. ed. São Paulo: Aduaneiras, 2000.

TRADING ECONOMICS. **Indicadores**. Disponível em: <https://pt.tradingeconomics.com/indicators>. Acesso em: 17 jul. 2018a.

_____. **PIB**: lista de países. Disponível em: <https://pt.tradingeconomics.com/country-list/gdp>. Acesso em: 17 jul. 2018b.

_____. **Reservas internacionais**: lista de países – América. Disponível em: <https://pt.tradingeconomics.com/country-list/foreign-exchange-reserves?continent=america>. Acesso em: 17 jul. 2018c.

_____. **Venezuela**: indicadores econômicos. Disponível em: <https://pt.tradingeconomics.com/venezuela/indicators>. Acesso em: 17 jul. 2018d.

TRIPOLI, A. C. K.; PRATES, R. C. **Comércio internacional**: teoria e prática. Curitiba: InterSaberes, 2016.

UOL. **Câmbio**: dólar comercial. Economia. Disponível em: <https://economia.uol.com.br/cotacoes/cambio/dolar-comercial-estados-unidos/>. Acesso em: 23 jul. 2018a.

_____. **Câmbio**: dólar turismo. Economia. Disponível em: <https://economia.uol.com.br/cotacoes/cambio/dolar-turismo-estados-unidos/>. Acesso em: 23 jul. 2018b.

_____. **Cotações**. Economia. Disponível em: <https://economia.uol.com.br/cotacoes/>. Acesso em: 23 jul. 2018c.

VIEIRA, A. **Importação**: práticas, rotinas e procedimentos. São Paulo: Aduaneiras, 2008.

Anexo

Modelo de contrato de câmbio

ANEXO I À CIRCULAR N° 3.691, DE 16 DE DEZEMBRO DE 2013
Modelo de contrato de câmbio celebrado com cliente

Contrato de câmbio

Tipo de contrato de câmbio [ ] compra [ ] venda	Número do contrato de câmbio
Evento [ ] contratação [ ] cancelamento [ ] alteração	Data
As partes a seguir denominadas, **instituição autorizada a operar no mercado de câmbio e cliente**, contratam a presente operação de câmbio nas condições aqui estipuladas e declaram que a mesma subordina-se às normas, condições e exigências legais e regulamentares aplicáveis à matéria.	
Instituição autorizada a operar no mercado de câmbio	
Nome	CNPJ
Endereço	
Cidade	UF
Cliente	
Nome	CPF/CNPJ/Ident. do estrangeiro
Endereço	
Cidade	UF/País
Instituição intermediadora *	
Nome	CNPJ
Dados da operação	
Cód. da moeda estrangeira	Valor em moeda estrangeira ( )

Taxa cambial	Valor em moeda nacional R$ ( )	
Valor Efetivo Total (VET)*	Descrição da forma de entrega da moeda estrangeira	Liquidação até
Código da natureza	Descrição da natureza do fato	
Pagador ou recebedor no exterior*		
País do pagador ou do recebedor no exterior*	Código de relação de vínculo entre o cliente e o pagador/recebedor no exterior*	
Percentual de adiantamento sobre o contrato de câmbio*	RDE*	
Outras especificações		
Cláusulas contratuais		
Instruções de recebimento/pagamento		

O cliente declara ter pleno conhecimento do texto constante do respectivo contrato de câmbio, do art. 23 da lei n° 4.131, de 3 de setembro de 1962, e em especial dos seus §§ 2° e 3°, transcritos neste documento, bem como da Circular n° 3.691, de 16 de dezembro de 2013, que regem a presente operação.

Art. 23, §§ 2° e 3°, da Lei n° 4.131, de 1962, com a redação dada pelo art. 72 da Lei n° 9.069, de 29 de junho de 1995.

"§ 2° Constitui infração imputável ao estabelecimento bancário, ao corretor e ao cliente, punível com multa de 50 (cinquenta) a 300% (trezentos por cento) do valor da operação para cada um dos infratores, a declaração de falsa identidade no formulário que, em números de vias e segundo o modelo determinado pelo Banco Central do Brasil, será exigido em cada operação, assinado pelo cliente e visado pelo estabelecimento bancário e pelo corretor que nela intervierem.

§ 3° Constitui infração, de responsabilidade exclusiva do cliente, punível com multa de 5 (cinco) a 100% (cem por cento) do valor da operação, a declaração de informações falsas no formulário a que se refere o § 2°."

Assinaturas

Instituição autorizada a operar no mercado de câmbio	Cliente	Instituição intermediadora*

*Campo a ser preenchido quando aplicável.

Fonte: BRASIL. Banco Central. Circular n. 3.691, de 16 de dezembro de 2013. **Diário Oficial da União**, Brasília, DF, 17 dez. 2013. p. 60-61. Disponível em: <https://www.bcb.gov.br/pre/normativos/busca/downloadNormativo.asp?arquivo=/Lists/Normativos/Attachments/48815/Circ_3691_v9_P.pdf>. Acesso em: 28 maio 2018.

Respostas

Capítulo 1

Questões para revisão

1. c
2. Meio de troca, unidade de conta e reserva de valor.
3. d
4. e
5. As reservas internacionais são fundamentais, principalmente para os países em desenvolvimento, uma vez que essa "poupança" é vista como um sinal de credibilidade perante o mercado internacional.

Questões para reflexão

1. É necessário fazer uma comparação entre a China e os países que dispõem de moeda conversível – por exemplo, Estados Unidos, Canadá, Inglaterra e Austrália – e abordar

os aspectos políticos e econômicos, os riscos e a credibilidade dessas nações.
2. Inicialmente, deve-se conhecer o valor atual das reservas internacionais do Brasil. Em seguida, calculam-se quais seriam os rendimentos que esse valor teria se fosse aplicado no Brasil e nos Estados Unidos, uma vez que grande parte das reservas internacionais está nesse país.

Capítulo 2

Questões para revisão
1. Executar as normas deliberadas pelo Conselho Monetário Nacional (CMN), conduzir as políticas monetárias e de crédito e administrar as políticas cambial e de relações financeiras com o exterior.
2. d
3. a
4. Sistema de Informação do Banco Central (Sisbacen) e Sistema Integrado de Comercio Exterior (Siscomex). Proporcionam agilidade e redução de custos nos processos de comércio exterior
5. b

Questões para reflexão
1. O operador de câmbio deve conhecer muito bem a legislação, o mercado de câmbio, o cliente ou banco e manter-se atualizado com relação à economia do país.
2. Se o banco pretende manter a posição comprada em moeda estrangeira (dólar), ele deve esperar a desvalorização do real (taxa de câmbio alta) para vender o dólar e auferir maiores lucros.

Capítulo 3

Questões para revisão

1. e
2. c
3.
    › Circular n. 3.688/2013 – Revela o convênio crédito recíproco do BCB com os bancos centrais de outros países, como Argentina, Chile e México.
    › Circular n. 3.689/2013 – Versa sobre o capital estrangeiro no país e o capital brasileiro no exterior.
    › Circular n. 3.690/2013 – Classifica as operações no mercado de câmbio.
    › Circular n. 3.691/2013 – Define procedimentos relativos à compra e à venda de moeda estrangeira.
4. Fundamentação econômica, legalidade da transação e comprovação documental.
5. e

Questões para reflexão

1. Porque a legislação brasileira, por meio do Decreto-Lei n. 857, de 11 de setembro de 1969, estabelece o curso forçado da moeda.
2. O objetivo do BCB é instituir uma legislação mais clara para facilitar o entendimento por parte dos agentes do mercado de câmbio.

Capítulo 4

Questões para revisão

1. c
2. b
3. O mercado de câmbio sacado é aquele no qual as operações são concretizadas mediante a movimentação (de débito ou crédito) de uma conta bancária em moeda estrangeira no exterior. É nesse mercado que acontece a maioria das operações de câmbio em relação à entrega de moeda estrangeira.
4. c
5. Mercado de câmbio primário, por ser uma operação entre banco e empresa; mercado de câmbio comercial, por ser uma operação de câmbio de exportação; mercado de câmbio sacado, por haver uma transferência de valores entre bancos; mercado de câmbio pronto, pelo fato de a entrega da moeda estrangeira ter ocorrido em dois dias úteis.

Questões para reflexão

1. Deve-se avaliar o mercado de câmbio paralelo, que reflete as situações descritas na questão.
2. Como as operações comerciais de exportação e de importação são realizadas em moeda estrangeira, é necessário conhecer o mercado de câmbio para negociar com mais segurança.

Capítulo 5

Questões para revisão

1. Ingresso no país de grande quantidade de moeda estrangeira; crises econômicas internacionais; especulação financeira; crises políticas internas.
2. e
3. d
4. a
5. Taxa de câmbio livre: tende a cair, se houver uma grande oferta de moeda estrangeira; é praticada no Brasil. Taxa de câmbio fixa: ocorre quando há a intenção de controlar a saída de divisas do país; é adotada por nações que se encontram em dificuldades econômicas.

Questões para reflexão

1. É necessário conhecer os dois tipos de precificação existentes no mercado para saber como o Brasil precifica a moeda estrangeira.
2. É preciso rever os conceitos dos dois tipos de moeda.

Capítulo 6

Questões para revisão

1. b
2. e
3. d
4. Por ser uma operação de câmbio de exportação, a empresa deve fechar o câmbio com o banco que oferecer a maior taxa de câmbio, pois, assim, ao realizar a conversão de US$ 100 mil, ela receberá um valor maior em reais.

5. Inicialmente, deve-se identificar que se trata de uma operação de câmbio de importação, portanto, uma operação de câmbio de venda. Nesse caso, o resultado do banco é o lucro, porque a taxa de fechamento (3,8350) é maior do que a taxa de venda interbancária (3,8340). Para calcular o lucro, aplica-se: (3,8350 − 3,8340) × US$ 100.000,00 = R$ 100,00.

Questões para reflexão

1. É necessário saber como se formam as duas taxas e então diferenciá-las.
2. Deve-se abordar o conceito de Ptax e conhecer como essa taxa é usada no registro da declaração de importação, relacionando-a ao pagamento de tributos.

Capítulo 7

Questões para revisão

1. Identificação das partes, valor em moeda estrangeira, valor em moeda nacional, taxa de câmbio, enquadramento da operação, datas de entrega da moeda estrangeira e da nacional, entre outras.
2. d
3. b
4. c
5. Identificação das partes, valor da transação em moeda estrangeira e em moeda nacional, taxa de câmbio, número de inscrição no Cadastro Nacional de Pessoa Jurídica (CNPJ) dos envolvidos, código da moeda utilizada.

Questões para reflexão
1. O profissional deve se pautar no conhecimento do mercado de câmbio e da legislação.
2. É necessário explicar os procedimentos das quatro fases da contratação de câmbio.

Capítulo 8

Questões para revisão
1. O cheque emitido em moeda estrangeira tem as mesmas características de um cheque emitido no Brasil e deve conter, entre outras informações, o valor em moeda estrangeira, a data da emissão e a assinatura do emissor. Ele representa um risco para o beneficiário, pois o pagador pode não ter saldo suficiente, além de o processo entre o recebimento do cheque e a conversão da moeda estrangeira em reais não ser rápido.
2. c
3. b
4. Agilidade, redução de custo, padronização, segurança e confiabilidade.
5. e

Questões para reflexão
1. Deve-se observar o que envolve a negociação em uma operação comercial, principalmente quanto a aspectos relacionados aos riscos envolvidos, aos valores implicados, aos prazos negociados etc.

2. O sistema Swift ganhou a confiabilidade do mercado financeiro mundial em razão de sua origem e da finalidade de sua criação.

Capítulo 9

Questões par revisão

1. e
2. O exportador pode contratar o câmbio até 360 dias antes do embarque da mercadoria para o exterior. O importador pode contratar o câmbio até 180 dias antes do embarque da mercadoria do exterior.
3. c
4. Na modalidade de comissão de agente, o exportador emite uma fatura comercial de US$ 10 mil; o importador faz o pagamento de US$ 10 mil; o exportador contrata um câmbio de exportação de US$ 9 mil e recebe o valor equivalente em reais; conforme instruções do exportador, o banco transfere o valor da comissão de US$ 1 mil para o agente.
5. b

Questões para reflexão

1. Porque é necessário analisar as consequências da negociação caso não haja o embarque da mercadoria.
2. Nessa situação, devem ser consideradas as vantagens de o Brasil manter as reservas altas e deve ser analisado se precisa haver um maior controle para a saída de divisas do país quando ele estiver com mais ou com menos reservas internacionais.

Capítulo 10

Questões para revisão

1. No caso da empresa exportadora, se ela tiver um valor em moeda estrangeira a receber, o risco ocorrerá no caso de a taxa de câmbio se valorizar (taxa de câmbio baixa). Para a empresa importadora, se ela tiver um valor em moeda estrangeira a pagar, o risco ocorrerá no caso de a taxa de câmbio se desvalorizar (taxa de câmbio alta).
2. e
3. Trata-se de uma operação de câmbio de exportação na qual não há a entrega da moeda nacional nem da moeda estrangeira na data da contratação, pois isso somente ocorrerá em uma data futura acordada entre o banco e o exportador.
4. b
5. a

Questões para reflexão

1. Em cada situação, é necessário analisar o valor da taxa de câmbio para saber se há vantagem para o exportador contratar uma operação de câmbio travado.
2. Falta a essas empresas, principalmente, avaliar o risco cambial inerente às transações.

Capítulo 11

Questões para revisão

1. A modalidade que oferece o menor risco para o exportador é o pagamento antecipado, pois ele recebe antes de embarcar a mercadoria.
2. e

3. a
4. A carta de crédito é uma garantia para o exportador de que ele vai receber pela venda realizada, desde que cumpra todas as instruções da carta de crédito. Caso o importador não efetue o pagamento, o responsável por honrar o compromisso será o banco do emissor. Além disso, são agentes participantes da transação o banco negociador e o banco emitente da carta de crédito.
5. a

Questões para reflexão

1. Não, pois o exportador precisa avaliar todos os aspectos que envolvem uma negociação comercial internacional.
2. A escolha da modalidade de pagamento deve ser feita com base na avaliação de todos os aspectos que envolvem uma negociação comercial internacional.

Sobre o autor

Joni Tadeu Borges nasceu em Curitiba (PR), no dia 25 de julho de 1961. Em 1993, graduou-se como bacharel em Ciências Contábeis pela Universidade Federal do Paraná (UFPR). Em dezembro de 1997, concluiu o curso de pós-graduação em Comércio Exterior pela Faculdade Católica de Administração e Economia (FAE) e, em 2005, o MBA em Finanças Corporativas e Gestão de Riscos pela Fundação Instituto de Pesquisas Contábeis, Atuariais e Financeiras (Fipecafi), vinculada à Universidade de São Paulo (USP). Ingressou no Banco do Brasil em julho de 1987 e, no período de 1991 a 2016, atuou no segmento de câmbio e comércio exterior, além de exercer várias funções em outras áreas. Entre os anos de 2000 e 2003, foi gerente da mesa de câmbio do Estado do Paraná e, no, ano seguinte, passou a atuar como gerente de negócios internacionais, com a função de consultor em assuntos de câmbio e comércio exterior para o público de micro, pequenas e médias empresas. Na área acadêmica, foi professor dos cursos de Práticas Cambiais e Importação na Universidade Corporativa do Banco do Brasil e, a partir de 2001, passou a lecionar várias disciplinas voltadas ao comércio exterior. Desde 2003, atua como docente no Centro Universitário Internacional Uninter, em que leciona as disciplinas de Teoria e Prática Cambial, Sistemática de Exportação, Laboratório de Siscomex e Tópicos de Comércio Exterior a modalidades presencial, semipresencial e a distância (EaD).

Os papéis utilizados neste livro, certificados por instituições ambientais competentes, são recicláveis, provenientes de fontes renováveis e, portanto, um meio **respons**ável e natural de informação e conhecimento.

Impressão: Reproset
Agosto/2023